Diogenes Taschenbuch 20302

Ludwig Marcuse

Das Märchen von der Sicherheit

Herausgegeben und eingeleitet von Harold von Hofe

Diogenes

40/81/9/1
ISBN 3 257 20302 0

Inhalt

Harold von Hofe

Marcuse, Exil und »Das Märchen von der Sicherheit«

In den drei Jahren vor Sonnenuntergang am 30. Januar 1933 war Marcuse mitunter ahnungsvoll. Sorglosigkeit überwog aber Besorgnisse, denn niemand außer denen, die das Unglück herbeiführten, konnte glauben, es werde so schnell hereinbrechen. Noch 1932 meinte Marcuse, der Zeit einen Spiegel vorhalten zu können, indem er die Reaktion vor hundert Jahren schilderte und über *Heine zwischen gestern und morgen* schrieb.

Als Hitler zum Reichskanzler ernannt wurde, überkam ihn doch die Befürchtung, daß es so kommen würde, wie es kam, und er packte wochenlang ein und wieder aus. Nach dem Reichstagsbrand am 21. Februar packte er das Notwendigste endgültig zusammen und fuhr in die Emigration. Bis 1939 lebte er in Sanary-sur-Mer, der Hauptstadt der deutschen Literatur, bis es Los Angeles in den vierziger Jahren wurde. In Frankreich hellsichtiger geworden, flüchtete er sechs Monate vor dem Einsetzen der Europa-Erschütterung nach New York. Im Mai war er in seiner Wiedergeburtsstadt Los Angeles.

In den *Essays, Porträts und Polemiken*, die er im französischen Exil verfaßt hatte, spielte das Hitler-Deutschland eine Hauptrolle. In den Büchern über *Plato und Dionys* und über *Ignatius von Loyola* ging es verdeckt um Deutschland. Dem *Märchen von der Sicherheit*, das in der ersten Hälfte der vierziger Jahre entstand und damals nicht gedruckt wurde, lag hingegen ein globales Anliegen zugrunde. Gewiß waren deutsche Fragen darein verwoben.

Die Hinfälligkeit der englisch-amerikanischen Vorstellungen und die Nichtlinien der (Friedens-) Politik bewogen ihn, 1941 sein erstes ausgesprochen politisches Buch zu schreiben. Ernüchtert hatte er Roosevelts Erklärung vom 6. Januar 1941 zur Kenntnis genommen; darin tönte es von Freiheit der Meinung und Religion, Freiheit von Furcht und Not seien wesentlich. Die großen Worte der letzten 150 Jahre – Gott, Christ, Vernunft, Freiheit, Demokratie – hatten 1776 in Amerika, 1789 in Frankreich, 1848 in Deutschland, 1917 in Rußland einen Inhalt. In den Vierzigern des zwanzigsten Jahrhunderts waren sie abgegriffen.

Sieben Monate später wurde die Atlantik-Charta, Grundlage für die Schaffung noch einer Weltorganisation, von dem amerikanischen Präsidenten und dem britischen Premierminister veröffentlicht. Freie Bestimmung über die jeweilige Herrschaftsform, Selbstbestimmung und Souveränität der Völker seien zu gewährleisten. Das politische Konzept der Atlantik-Charta beruhte auf überholten Ansichten des 1918 schon anachronistischen Woodrow Wilson, dessen Jünger Franklin Delano Roosevelt war. Das gedankenlose Beratschlagen über Friedensziele lief aus in Vernebelung. Babylonische Verwirrung herrschte in den Ländern des Westens, während Hebammen des Friedens protokollierten, man müsse den Frieden (irgendwie) gewinnen.

Auf nationalsozialistischer Seite hieß der Text, das Bluturteil, seit je: »Denn heute gehört uns Deutschland – und morgen die ganze Welt.« Auch dort lebten keine großen Worte. Im Juli 1941 schrieb das ›Schwarze Korps‹, Organ der SS: »Es ist ganz falsch, anzunehmen, daß Deutschland Krieg gegen Rußland führt, um Europa vom Bolschewismus zu befreien... Wir kämpfen nicht, um die Kultur zu retten oder die Zivilisation oder die Demokratie, sondern lediglich für Deutschlands Existenz.«

Bis zum 1. Januar 1942 schlossen sich die Mächte, die auf seiten der Alliierten kämpften, der Atlantik-Charta an. Nachdem der europäische Krieg im Dezember 1941 ein Weltkrieg geworden war, und die Alliierten, vor allem Amerika, nicht zwischen Kriegs- und Friedenszielen zu unterscheiden wußten, setzte sich Marcuse systematisch mit dem Politisieren der Zeit auseinander. An Hermann Kesten hatte er 1941 geschrieben, er arbeite an einem Buch, das er am liebsten *Kritik der unreinen Vernunft* nennen würde. Das Werk, dem er später den Titel *Das Märchen von der Sicherheit* gab, besteht aus vier Kapiteln: 1. Der Krieg im Frieden, in vier Rollen. 2. Isolationistische und kollektive Unsicherheit. 3. Welche Sicherheit ist sicher? 4. Du sollst nicht lügen. Wir bringen die letzten zwei Kapitel und referieren die zeitgebundenen Erörterungen über den Krieg im Frieden und die zum Teil zeitgebundenen Erwägungen über isolationistische und kollektive Unsicherheit. Eine Veröffentlichung des ganzen Manuskriptes wäre erst in einer historisch-kritischen Gesamtausgabe der Werke Marcuses möglich, und auch nur da gerechtfertigt, obwohl dieses Unternehmen noch nicht in Sicht ist.

Marcuse schloß die Arbeit im Januar 1944, sechzehn Monate vor Ende des Krieges, ab. Begonnen hatte er Anfang 1941 mit Betrachtungen über Kriegs- und Friedensziele. Das Kriegsziel, meinte er mit Recht, ist nur eine negative Vorbedingung für das Friedensziel und gebe ihm noch nicht den geringsten Inhalt. Man sollte nicht ein zweites Mal das »Hängt den Kaiser« für ein Friedensziel halten. Hitlers Tod, die Ausmerzung der Nazis und die Niederreißung des Gebäudes, das den deutschen Generalstab und seine Pläne beherbergt, schließe weitere Kriege in der Welt nicht aus.

Mit völkerpsychologischen Überlegungen, die dazu führten, die Deutschen für allen Unfrieden in der Welt verantwortlich zu machen, räumte er auf. Da der deutschsprachige Leser von heute mit den damaligen Geschichtsbildern nicht vertraut sein dürfte, bringen wir einige charakteristische Beispiele, über die sich der Herausgeber mit Marcuse in den vierziger Jahren unterhielt. In einem Band *Metapolitik, von der Romantik* (lies: Sturm und Drang) *bis zu Hitler* sah der Autor zum Beispiel eine geradlinige Entwicklung bis zum Nationalsozialismus. Der Verfasser des Buches *Von Luther bis Hitler* holte etwas weiter aus. Ein anderer Schriftsteller schrieb sogar von einer »Tausend Jahre alten Verschwörung«, denn er meinte, die geduldigen, aber beharrlichen Deutschen träumten seit tausend Jahren davon, die Welt zu versklaven. Ein weiterer Bücherschreiber war davon überzeugt, »Die Deutschen werden es wieder versuchen«. Noch ein anderer entdeckte im Gruselkabinett ein Chamäleon-Deutschland: *Deutschland: Jekyll and Hyde.* Ein Titel lautete: *Ist Deutschland unheilbar?* In dem Bändchen *Deutschland muß untergehen* meinte der Autor, die Deutschen seien eine tierische Abart der Menschheit, sie hätten eine »Tigerseele«. Wenn man sie alle sterilisiere, gebe es noch vor Beginn des einundzwanzigsten Jahrhunderts kein deutsches Problem mehr, und das Krieg-oder-Frieden-Problem der Welt sei gelöst. Marcuse zitierte daran anklingende Worte eines der bedeutendsten amerikanischen Schriftsteller des zwanzigsten Jahrhunderts: »Deutschland möge so gründlich zerstört werden, daß wir ein Jahrhundert der Ruhe haben ... oder für immer. Das kann wahrscheinlich nur durch die Sterilisation – es verursacht kaum mehr Schmerzen als Impfung – aller Nazis geschehen.« Das Weglassen der Namen dürfte den Verfassern, oder deren Nachkommen, heute recht sein.

Marcuse verwarf den Deutschen-Haß, weil er die Völkerpsychologie ablehnte, und aus dem (selbstverständlichen) Grund, daß es Hitler-Niveau war, einem Volk kollektive Schuld zuzuschieben. Der triftigste Grund ist aber in den folgenden Absätzen enthalten.

»Was nützt es, Deutschland als den ewigen Angreifer aufzumachen – und das Wort Germanen etymologisch von einem Wort abzuleiten, das dem englischen ›spearman‹ entspricht? Es nützt den Selbstgefälligen – sonst niemand.«

»Wer aber bereut, hat begriffen, daß alle, die Hitler als Biest nehmen, als schaurige Abnormität, als Führer einer Gang, der, eine böse Laune der Natur, eingebrochen ist in die friedlichen Hürden der menschlichen Gesellschaft – daß diese Selbstgerechten Hitler sehr leicht nehmen. Daß, wer die deutsche Barbarei nur bis zu den deutschen Militärs und den Agrariern und den Großindustriellen verfolgt, sie nicht viel ernster nimmt. Nur der Reuige ahnt etwas von dem gewaltigen Umfang des Hitler-Reichs. Er ist mutig genug, die geheimen seelischen Verbindungen zwischen Hitler und sich und seinen Freunden, zwischen Hitler und hundert Schattierungen von Antifaschisten aufzudecken. Denn Hitlerei, deren Grenzen weder geographisch noch soziologisch zu bestimmen sind, ragt tief hinein in das Gebiet, das die Flagge des Antifaschismus trägt.«

Es gab deutsche Emigranten, die den Deutschen-Haß schürten. Es gab emigrierte Intellektuelle, die davon lebten, »daß sie etwas besseres

Deutsch schrieben als die Nazis, etwas weniger logen und keine Todesurteile unterschrieben hatten«.

Wichtiger als Selbstgerechtigkeit und wichtiger als Beschuldigungen wäre es für einen strapazierfähigen Frieden – so etwa der Gedankengang Marcuses – herauszufinden: was auch aufrichtige Anti-Hitlers mit ihrem gehaßten Gegner gemein hatten; wieviel Hitlerei sie also, vielleicht in aller Unschuld, in die Waffenruhe, die da kommen werde, hinüberretten wollten – wodurch es kein Frieden werden könne. Es war nicht alles Hitler-frei, was sich gegen Hitler empörte. Auch Anti-Hitlers trugen Hitler-Bazillen weiter – ungestörter als die durch Parteiabzeichen Markierten.

Marcuses Bild war eine breitere, politisiertere und mit utopischem Gedankengut stärker durchwirkte Zeichnung als die Thomas Manns in seinem kurz zuvor entstandenen Essay *Bruder Hitler*: »Ein etwas unangenehmer und beschämender Bruder; er geht einem auf die Nerven, es ist eine reichlich peinliche Verwandtschaft.« Es fehlte Thomas Mann zwar nicht an Haß, er wünschte diesem »öffentlichen Vorkommnis einen Untergang in Schanden«. Aber: »besser, aufrichtiger, heiterer und produktiver als der Haß ist das Sich-wieder-Erkennen.«

Mit dem oben entwickelten Gedankengang Marcuses hängt die Reue aufs engste zusammen; es wird in seinen Erörterungen ein zentraler Begriff. Wesentlich für die Schaffung des Friedens sei das Forschen des Reuigen: wie weit bin ich, wie weit sind wir mitschuldig? In diesem Sinne ist Reue ein erlauchtes Instrument zur Auffindung von Erkenntnissen; sie ist der Gegensatz von Selbstgerechtigkeit, die stets einen Feind verantwortlich macht. Die Beschuldigung ist hingegen ein Instrument zur Verhinderung von Erkenntnissen.

Ein Schuld-und-Sühne-Drama aufführen, meinten die Selbstgerechten, wirke negativ, destruktiv – »destruktiv« ist ein Schimpfwort; mehr Inhalt hat es gewöhnlich nicht – defätistisch! Drei Jahre nach Entdekkung der Kernspaltung am Uran 235 und drei Jahre vor der Zerstörung Hiroschimas entnahm Marcuse der Kernphysik ein Gleichnis: »Man erwartet in der Physik die stupendeste Freisetzung von Kraft durch eine destruktive Handlung: durch die Zerstörung des Atoms. Sollte mit einer Zertrümmerung des Atoms der geistig-gesellschaftlichen Welt – des konkurrierenden Individuums und der konkurrierenden Nation – nicht eine ähnliche Wirkung zu erzielen sein?« Hiermit begann Marcuses Frontalangriff auf Dogmen, die nicht nur in der kapitalistisch-demokratischen Welt als unumstößlich galten.

Der Titel der Ausführungen über »Isolationistische und Kollektive Unsicherheit« deutet das Verwerfen althergebrachter, auch neuerer Gedanken an und, leiser, die Verquickung der Begriffe. Historisch bezieht sich der Isolationismus auf die amerikanische Tradition, die auf Washington, Jefferson, John Quincy Adams und Monroe zurückgeht:

eine von Europa abgewandte Außenpolitik und die Ablehnung von Verstrickung in Allianzen.

Den späteren Isolationismus bezeichnete Marcuse als »Kollektive Unsicherheit«. Die in den Dreißigern gebräuchliche Formel hat unter divergierenden Namen eine Geschichte, die bis ins Mittelalter zurückreicht. Bündnisse, Neutralitätsabkommen, Nichtangriffsverträge, Rüstungsbegrenzungen, Verzicht auf Angriffskriege bis zur Errichtung von Staatsgemeinschaften, dem Völkerbund und den heutigen Vereinten Nationen, gehören zur Geschichte der kollektiven (Un-)Sicherheit. In Marcuses Umdeutungen gibt es Schlüsselworte, die in bunter Reihenfolge und in diskrepanten Zusammenhängen auftauchen: Fortschritt, Freiheit, Souveränität und Selbstbestimmungsrecht, Nation, Staat und Nationalismus, Sicherheit und Wettbewerb.

Der geschichtsphilosophische Begriff des Fortschritts trug seit der Aufklärung diverse Blüten, von denen die Vorstellung des ewigen Friedens trotz Kant Famulus-Wagner-artig anmutet. An die fünfzig Utopien brüteten Fortschrittsenthusiasten in den letzten Jahrzehnten des neunzehnten Jahrhunderts aus. Auf der Tagung der britischen »Society for the Advancement of Science« sprach 1893 ein Teilnehmer den noch ungeborenen Kollegen sein Mitleid aus – weil ihre glücklichen Vorgänger bereits alle Probleme gelöst hätten. Und dann gab es im zwanzigsten Jahrhundert noch »Wilson und Lenin – vor dem mächtigen Sieg des zukunftslosen Realismus und des realistischen Zukunftsschwindels«.

Die Großmächte innerhalb einer Gruppe, in den Vierzigern also die USA, die UdSSR und Großbritannien, und die großen Mächte innerhalb der Großmächte, also Roosevelt, Churchill, Stalin und was hinter ihnen stand, sind immer aufs engste mit dem nächsten Frieden verbunden gewesen. Ungefähr »wie der Chirurg verbunden ist mit dem Bein, das er amputiert!«

Eine andere Art Zukunftssüchtigkeit läßt sich nicht auf die jeweilige Prominenz zurückführen. Es wurde als Idealismus bezeichnet, bis man sich im neunzehnten Jahrhundert fragte, was der Idealismus eigentlich zum Inhalt hatte. Die stark in Anspruch genommene Vernunft wurde zum Katalysator, als der Idealismus auf Materialismus umgetauft wurde. Was sich zur Bezeichnung des ehemaligen Inhalts des Umgetauften noch weniger eignet als Idealismus!

Zurückhaltend schlug Marcuse das Wort Kümmerertum vor. Es drücke zu gleicher Zeit den Zustand des Kummers und die aus ihm fließende Aktion des Eingreifens aus; auch gehöre es zur Konstitution des Menschen wie der Hunger – und ist verkümmert. Aufrichtige Kümmerer schaffen Kummer, doch sie allein haben das Recht, das Wort Frieden und das Wort Zukunft auszusprechen.

Was kümmerte, was bekümmerte Marcuse? Da war die Prägung »Laßt mich in Frieden« und das ahnungslose Vertrauen zu einem Frieden, den diverse abhängige Gruppen vermutlich schließen und halten werden.

Die souveränen Völker bestimmen sich selbst und isolieren sich voneinander – trotz Allianzen. Und die jeweiligen Machthaber sind dafür. Würde man die Gruppen verschmelzen, hätten die Großen, zum Beispiel Amerika, mehr zu verlieren als die Kleinen, zum Beispiel Paraguay. Innerhalb der Gruppen hätten die Großen – die Staatslenker, die Großindustriellen – mehr zu verlieren, als Ich und Du. »Der Isolationismus der Starken heißt: wozu sollen wir uns die Hände binden lassen? Der Anti-Isolationismus der Schwachen heißt: es wäre schön, wenn man den Goliaths die Arme binden könnte.«

»Laßt mich in Frieden« heißt auch »Laßt mir meine Freiheit«. Auf der Ebene der Einzelnen bedeutet Freiheit, was man im Orient und im Okzident darüber ausgesagt hat; es bedeutet aber auch, den Nächsten niederzukonkurrieren. Auf internationaler Ebene bedeutet das »Sich-nicht-beschränken-Lassen« Isolationismus. Der Wille zur Freiheit – wenige außer Marcuse räumen das ein – ist nämlich nicht eine Frucht des klassischen Altertums, des Christentums und der Aufklärung. Das Verlangen nach Freiheit ist nicht, wie man uns gelehrt hat, in erster Linie moralisch. Das Verlangen nach Freiheit wurzelt in der Vitalität. Moralisch ist erst der Wille zur Freiheit des Nächsten.

Die mißlautenden zwischenstaatlichen Freiheits-, Friedens- und Isolationismus-Melodien sind miteinander verwoben. Frappant hinfällig ist der Isolationismus, wie Marcuse ihn aufzeigt.

»Vier Denker des Neunzehnten Jahrhunderts haben der isolationistischen Wahrheit: daß die Menschheit aus Menschen-Inseln besteht oder aus Inseln von Menschen-Gruppen, und daß jede Invasion gegen Gott oder gegen die Natur gerichtet ist – den schwersten Stoß versetzt. Der Erste war Darwin, der die Isolation aufhob, in der die natürlichen Arten in der Vorstellung der Menschen lebten. Der Zweite war Marx, der die Isolation aufhob, in der die wirtschaftlichen Individuen in der Vorstellung der Menschen lebten. Der Dritte war Freud, der die Isolation aufhob, in der die sogenannten Eigenschaften des Einzelnen in der Vorstellung der Menschen lebten. Und der Vierte war Nietzsche, der Kühnste unter den Vieren. Er hob die Isolation auf, in der die Menschheit als fix und fertige Gattung in der Vorstellung der Menschen lebte. Er relativierte die Grenzen der historisch bekannten Gattung Mensch. Er war viel revolutionärer als Marx; denn die revolutionäre Vorstellung vom Übermenschen bestimmte Nietzsches Denken stärker als die revolutionäre Vorstellung von der klassenlosen Gesellschaft Marx bestimmte. Gemeinsam haben diese vier Denker alle für stabil gehaltenen Ordnungen zu Episoden einer unabsehbaren Begebenheit herabgesetzt. Herabgesetzt – vom Isolationismus aus gesprochen.«

Marcuse deckte die Verknotung der Begriffe Souveränität, Selbstbestimmungsrecht, Nation und Isolationismus, Sicherheit und Wettbewerb auf. Offenbar wird, daß alle miteinander verflochten sind, wenn Souveräne (für sich) Entscheidungen treffen, die gegen das Interesse anderer Völker sind. Die Gradunterschiede des selbstherrlichen Handelns sind an der Stärke des Handelnden abzumessen.

Wenn tunlich, üben mehr oder minder betroffene Nationen Toleranz, die von Vertrauensseligen moralisch erlebt wird. Die Macht, die das moralische Erlebnis über die Gemüter hat, ist eine Kraftquelle mehr für den Isolationismus. Sich *unter allen Umständen* tolerant zeigen ist, nach Marcuse, unmoralisch. »Auch wenn Hitler vom gesamten deutschen Volk im Jahr 1933 gewählt worden wäre, hätte die Welt, die vorgab, einer Moral zu gehorchen, die Verpflichtung gehabt, sich in die deutschen Angelegenheiten einzumischen.«

Unerläßliche Vorbedingungen für Frieden auf Erden: die Abschaffung der Souveränität. Der Glaube an Selbstbestimmungsrecht, insofern er noch besteht, habe zwei Böden: die Moral, daß keine Gruppe eine andere knechten soll, und die Unmoral, daß die Stimme des Volkes die Stimme Gottes ist. Um diese Unmoral aufrechtzuerhalten, muß man die Hypothese vom verführten Volk – in der Hitler-Zeit die Deutschen zum Beispiel – schaffen.

Eine Theorie muß die andere unterkellern, bis in alle Bodenlosigkeit. Nicht wenige Menschen fühlen wohl, was es mit der Gruppensouveränität auf sich hat; da sie aber nicht bereit sind, auf die Souveränität zu verzichten, verfallen sie auf den ältesten Ausweg: sie stecken den Kopf, der zu viel weiß, in den Sand. Dafür gibt es zwei beachtenswerte Beispiele.

Reichsinnenminister Hugo Preuß, Schöpfer der Weimarer Reichsverfassung, strich das Wort Souveränität beim Entwurf der Verfassung aus. Professor Harold Lasky, der britische Begründer der Politologie, ordnete an, dem Wort in seiner Wissenschaft keinen Platz einzuräumen, weil Souveränität und Zusammenwirken Gegensätze sind. Souveräne arbeiten nicht zusammen, wenn ihre Hauptantriebe, nämlich Appetit und Furcht, etwas anderes wollen.

In der Weltpolitik gibt es Zeitabschnitte, in denen sich Souveräne miteinander im Gleichgewicht befinden. Der Einklang stellt eine Art provisorischen Ober-Souverän dar. Da Souveräne aber wachsen und vergehen, ist das Gleichgewicht labil, und der Ober-Souverän geht in die Brüche. Der Zusammenbruch führt zur Umgruppierung oder zum Krieg. Sobald der Kampf ausbricht, macht man sich Gedanken über den nächsten Ober-Souverän, der als der kommende Friede auf den politischen Markt gebracht wird.

Die jeweiligen selbständigen Völker heißen in den letzten Jahrhunderten Nationen; in der annähernd heutigen Bedeutung ist das Wort seit 1571 gebucht: »Nation, ein volck, das in einem land erborn ist«. Obwohl die Nation immer noch ein lautes Leben führt, charakterisierte sie Marcuse in den Vierzigern als »hinterwäldlerisches Gebilde«. Im letzten Viertel unseres Jahrhunderts hört man weniger grelle Töne; verklungen sind sie aber nicht. Und in den Entwicklungsländern steht das Nationen-Wesen in voller Blüte.

Das Aufblühen des Nationalismus begann etwa zur Zeit Napoleons. An dem Götzen Nation bauten viele Völker in holder Eintracht. Es entstanden Symbole, die man früher nicht kannte: Nationalfarben, Nationalhymnen, nationale Feiertage, nationale Gestalten und Orte. »Die Absonderung der Deutschen von den übrigen Nationen ist begründet durch die Natur« (also Gott). Die Fichte-Worte sind zum Teil immer noch im Bewußtsein der Deutschen verankert. Und in der Schweiz – bleiben wir im deutschen Sprachraum – die Worte Gottfried Kellers in seinem Roman *Der Grüne Heinrich*: »Eine unsichtbare, in diesen Bergen schwebende Idee hat sich diese eigentümliche Nationalität zu ihrer Verkörperung geschaffen.«

Es brauchte nicht einmal nationale Metaphysik zu sein. Mit den drei Mächten Blut, Geschichte und Sprache kam man auch aus. Da sich von alters her der Glaube verbreitet hatte, daß das Blut Sitz des Lebens sei, eignete es sich vortrefflich zu politischen neben religiösen Zwecken. Heute dürfte es sich weniger dazu eignen. Die Menschengruppen, die sich Nationen nennen, »wollen gar gern auch gemeinsamer Abkunft und Geschichte sein«, stellte Nietzsche fest, »was aber auch bei der ärgsten Fälscherei der Vergangenheit nicht gelungen ist.«

Marcuse geht über Nietzsche – »Als guter Europäer soll man an Verschmelzung der Nationen arbeiten« – hinaus. Die Fortschrittlichen meinen, durchschaut zu haben, wie irrig Fichtes Auffassung war, und behaupten, die Scheidung zwischen Deutschen und Franzosen ist künstlich, sie sind Europäer; die Scheidung zwischen Europäern und Afrikanern sei von Natur. »Beide Philosophien sind einander wert«, meinte Marcuse.

Die Nation war eine Etappe, an der Wilson und Roosevelt hartnäckig festgehalten haben. Wilson mußte selber kleinlaut bekennen: Ich wußte gar nicht, daß es so viele Nationen gibt, wie sie da täglich zu uns kommen. Damals war es noch eine bescheidene Anzahl. Marcuse sprach in den Vierzigern von vierundsechzig. Seit 1960 sind an die hundert neue Staaten in der Dritten Welt mit eigenen Ansprüchen in die Weltpolitik eingetreten.

Nationalisten, die bestreiten, daß die Zeit für einen Weltstaat gekommen ist, übersehen: nationale Einigung und nationale Sonderung, das heißt auch nationale Werte, sind zweierlei. Es kommt nur darauf an, ob Soldaten und Zollbeamte hinter den nationalen Werten stehen oder nicht.

Als Marcuse sich mit den Hauptfragen der damaligen Politik beschäftigte, gab es Anzeichen dafür, daß die Termini »Nation« und »Volk« von dem Wort »Staat« ersetzt werden. Damit ist etwas gewonnen, denn die Souveränität der Staaten ist nicht so geschützt wie die der Nationen. Es könnte sich die Frage erheben: Warum muß man eigentlich Selbstbestimmungsrecht haben?

Das Wort »Nation« ist nicht ausgestorben. Siehe Nachschlagewerke sowie die Massenmedien! Die Nation-Staaten sind souveräne konkurrierende Einheiten, in denen souveräne Individuen miteinander konkurrieren. Obwohl die Entdeckung der Rolle des Kapitals ein bezeichnendes Licht auf den selbständigen Einzelnen in der kapitalistischen Welt geworfen hat, hat sie auch Dunkel über das souveräne Individuum in der nichtkapitalistischen Welt verbreitet.

Das Entscheidende hat der Sozialismus nicht geändert: der einzelne Mensch ist auch in der sozialistischen Gesellschaft »ein Macht-Quantum unter Macht-Quanten«. Marcuse kommentierte seine Behauptung: »Weil dieser sozialistische Wettbewerb zwischen Vitalitäten, Anpassungsfähigkeiten, Begabungen, Fleißigen, Strebern und Heuchlern das alte Bild vom Menschen im Wettbewerb bietet. Das souverän konkurrierende Individuum ist das Herz auch der sozialistischen Gesellschaft. Die Sicherheit, welche der Sieg des souveränen Individuums erzwingt, ist auch im Sozialismus noch sicherer als die Sicherheit, die das Kollektiv gewährt.«

Der Wettbewerb verkrüppelt die Menschen, indem die gesellschaftliche Wirklichkeit die Menschen zwingt, als Machtquanten zu leben, die auf Tod und Leben konkurrieren, während sie tatsächlich so sind, wie Christus sie gezeichnet hat. Den Verzicht auf Gewalt und Besitz und das Gebot der unbedingten Nächstenliebe kann man predigen, aber es ist tödlich, die Bergpredigt zu leben.

Man mißverstehe nicht! Religion – und auch der gängige Atheismus – war für Marcuse nicht existent. In seinem *Pessimismus: Ein Stadium der Reife* (1953) steht: »Daß Religion weiter nichts ist als das ›Opium des Volkes‹, glauben nur noch die, welche Marx nie studiert haben – zum Beispiel viele Marxisten; sie ist viel mehr das Opium der Lehrer des Volkes. Der Windmühlen-Kampf der Religion, die keine mehr ist, gegen einen Atheismus, der keiner mehr ist, verdeckt Wesentlicheres.« In dem späteren Werk *Argumente und Rezepte* (1967) schrieb Marcuse unter dem Stichwort »Atheismus«, daß er nur privativ sei. »Es sagt nichts aus über den Glauben des Gottlosen, der sich weniger um Gott kümmert als um die Menschen.«

Wer nicht Waffenruhe, sondern Frieden will, muß zwei Grundelemente zertrümmern: »Die Souveränität der Gruppe und die Souveränität des Individuums. Mit der Souveränität zertrümmert man das Schema des Wettbewerbs.«

Nach der Zerstörung der Gruppen-Souveränität sind die Gruppen erst gesichert durch ihre Einordnung in einen Weltstaat – und zwar in einen *gerechten* universalen Zusammenhang. Wie ist Gerechtigkeit zu verstehen? »Gerechtigkeit ist: daß dem Deutschen Volk nicht die deutsche Erde gehört und dem Russischen Volk nicht die russische Erde und dem Französischen Volk nicht die französische Erde.« Obwohl die Vorstellung nicht originell ist, empört der Satz immer noch manches Herz und manches Gefühl.

In Marcuses Ausführungen über Sicherheit, *Welche Sicherheit ist sicher?*, baute er seine Grundgedanken weiter aus. Hinzu kamen ideengeschichtliche und sozialpolitische Betrachtungen über die Gleichheit und über Wechselbeziehungen zwischen dem Ideal der Gleichheit und Wettbewerb, Sicherheit und Gerechtigkeit. Marcuses diesbezügliche Erörterungen bedürfen eines Zusatzes.

Der amerikanische Gelehrte Henry Alonzo Myers arbeitete damals an seinem Werk *Are Men Equal?*, das 1945 erschien. Marcuse und Myers wußten nichts voneinander. Der Zeitgeist brachte es aber mit sich, daß sich die Menschen in Amerika erneut mit der problematischen Gleichheit befaßten. Als Marcuse in den Vierzigern charakteristischerweise die Frage stellte: Können die USA die Loyalität der amerikanischen Neger beanspruchen, begann man, mit dem zweiten Satz der Unabhängigkeitserklärung, ›Es ist eine selbstverständliche Wahrheit, daß alle Menschen gleich geschaffen sind‹, Ernst zu machen. Die Gleichheitsbestrebungen, die damals begannen, führten 1954 in Washington zu dem Beschluß des Obersten Gerichtshofes, der die Aufhebung jeglicher Rassentrennung bestimmte.

Während Marcuse die Ansicht verfocht, daß ererbte oder erlernte Überlegenheit keinen Menschen zu irgendwelchen Privilegien berechtigte, ging Myers der Ungleichheit auf anderer Ebene zu Leibe. Er erklärte seine Auffassung des Begriffes der Gleichheit durch Bilder, die Europäern auch heute noch eigentümlich amerikanisch vorkommen dürften. Wenn ein Mensch behaupten würde, daß alle Dollarscheine, die sich jeweilig im Umlauf befinden, in jeder Hinsicht gleich seien, oder daß Dollarscheine und Dollarmünzen einander gleich sind, würde man folgern, der Mensch habe eine widersinnige Auffassung von der Gleichheit. Doch würden die Menschen bereitwillig zustimmen, wenn man erklärte, alle Dollarscheine und -münzen sind im Werte gleich. Myers führte seine kaufmännische Metapher weiter: »Die Grundlagen für die gewöhnliche Justiz sind gesichert, wenn alle Menschen auf dem Markt der Menschenrechte gleiche Kaufkraft besitzen.«

Marcuse zitierte Edward Bellamy, den amerikanischen Verfasser der sozialistischen Utopie *Looking Backward 2000–1887* (1888) mit der Fortsetzung *Equality* (1897), und drei Deutsche, Joseph Görres, Heine und Hauptmann, die von der natürlichen Ungleichheit der Menschen überzeugt waren und Konsequenzen zogen, wie Heine sie formulierte:

»Wir sind alle Brüder, aber ich bin der größere Bruder, und mir gebührt eine bedeutendere Portion.« Marcuse hätte viele andere anführen können – abgesehen von Gobineau und Houston Stewart Chamberlain, die man schon immer belachte.

Zum Thema gehören auch die Anschauungen Herman Melvilles und Walt Whitmans, die Marcuse näherstehen, die er aber kaum kannte. In seinem Band *Amerikanisches Philosophieren* (1959) erwähnte er Melville überhaupt nicht und Whitman nur beiläufig als Hegel-Bewunderer. Beide vertraten den Standpunkt, den Marie von Ebner-Eschenbach in dem Aphorismus »Der größte Feind des Rechts ist das Vorrecht« bekundet hatte.

Als junger Mensch schrieb Whitman: »Ich bin der Dichter des Körpers, ich bin der Dichter der Seele... Ich bin der Dichter der Gleichheit.« Was er darunter verstand, steht in seinen späteren Worten *An die Staaten*: »Ich spreche das Losungswort, ich gebe das Zeichen der Demokratie. Bei Gott! Ich will nichts annehmen, von dem nicht alle unter den gleichen Bedingungen das Gegenstück ihr Eigen nennen können.« Whitman und Melville kannten die Werke Heines, der Amerika als »Freiheitsstall, bewohnt von Gleichheitsflegeln« charakterisiert hatte.

Er könne begreifen, schrieb Melville, wie ein Europäer von überlegenem Geist beim geringsten Kontakt mit einem Plebejer wie von einem elektrischen Schlag getroffen zusammenzuckt. Kennzeichnend ist Heines Variation des Ausspruchs von Ludwig Börne. Dieser würde die Hand, die ihm ein König gedrückt, zur Reinigung ins Feuer halten; Heine meinte, er würde die Hand, die ihm das Volk, der Pöbel, gedrückt, nachher waschen. Melville sah voraus, daß manche vor seiner erbarmungslosen Demokratie zurückschrecken würden. Melville fand es begreiflich, daß man vor ihm zurückschrecke, wenn er bekenne, ihm sei »der Dieb im Gefängnis eine ebenso ehrenwerte Persönlichkeit wie George Washington«. Melville war fähig zu schrankenloser Hingabe an »den gerechten Geist der Gleichheit, der die Gesamtheit der Menschheit in einen königlichen Mantel der Menschlichkeit hüllt«.

Marcuse stand an der Schwelle der Epoche, in der das Gleichheitsproblem eine brennende Zeitfrage wurde, die eine umfangreiche Literatur und Meinungsstreite hervorrief. Indem Marcuse die Verherrlichung des heimtückischen Wettbewerbs mit der Nicht-Verwirklichung des Gleichheitsideals – also Privilegien unter keinen Umständen! – verkettete, hob er das Wesentliche seiner Anschauungen hervor. Die leidenschaftlich geführten Debatten um die Thesen Arthur Jensens über Ungleichheit unter den Rassen nahm Marcuse gegen Ende seines Lebens nur beiläufig zur Kenntnis. Sie hatten mit seinen Grundsätzen sowieso nichts zu tun.

Kurz bevor Marcuse sich mit der Lüge, dem Lügen und der Verlogenheit beschäftigte, unterhielt er sich mit uns über Nietzsches *Wahrheit und Lüge im außermoralischen Sinne* (1873) und über Viscount Maughams *Lies as Allies: Hitler at War* (1941). Letzteres besteht aus einfältigen Betrachtungen über die lügenhaften amtlichen Mitteilungen der Deutschen und die Vertrauenswürdigkeit der englischen Kommuniqués. Marcuse kommentierte: Die Aufrichtigkeiten Hitlers sind schreckensvoller als seine Lügen. In den Werken Nietzsches, der die Lüge als Wohltäterin pries und als Mittel, das Leben erträglicher zu machen, gibt es eine Reihe von fragmentarischen Äußerungen über die Lüge. Was Marcuse über die Lüge schrieb, wuchs aus dem Boden Nietzsches, ging aber über ihn hinaus, wie im Falle des Nationalismus und Europäertums.

Im übrigen setzte Marcuse das Lügen mit seinen Hauptthemen in Beziehung – Deutschland und die Deutschen, Völkerpsychologie und »Erdteils-Psychologie«, Nation, Rasse und Souveränität, Gleichheit und Wettbewerb – und gewann neuartige Perspektiven.

Marcuse schuf ein polemisches Vokabular, indem er epochemachende Denker der Weltgeschichte, Aristoteles zum Beispiel, (auch) für die Ausstaffierung von Lügen verantwortlich macht, und wenn er die Frage stellt, wann, wo und wie Gott, Vernunft, Nation und der sogenannte gesunde Menschenverstand zu Lügen wurden. Seine Darlegung der Rolle, die Intellektuelle überhaupt in der Aufrechterhaltung von verlogenen Weltanschauungen spielen, sind ebenfalls polemisch zu verstehen.

Hat sich Marcuse, was seine Grundposition anbelangt, in den Jahrzehnten bis zu seinem Tode im August 1971 anders besonnen? Obwohl er hätte beglaubigen können, was Heine über sich aussagte: »Ich brauche nicht immer meiner eigenen Meinung zu sein«, bringen wir Beweise dafür, daß seine Anschauungen die gleichen blieben und heute so aktuell sind wie in den vierziger Jahren.

Im Jahre 1967 veröffentlichte er seinen Band *Argumente und Rezepte. Ein Wörter-Buch für Zeitgenossen.* Wir entnehmen der Diogenes-Ausgabe (1973) sechzehn einschlägige Argumente und Rezepte:

Deutsch, Deutsche, Deutschland

Niemand überschätzt die Deutschen so sehr wie einige deutsche Antifaschisten. Sie verlangen von ihnen mehr als von andern Völkern.

Es ist nicht alles deutsch, was nicht glänzt.

Was sind viele Anti-Hitlerianer geworden, nachdem Hitler abging? Dasselbe, was sie vor ihm waren: der Dung, auf dem er entstanden ist.

Fortschritt

Die Welt wird immer unfaßbarer, seltsamer, erstaunlicher, rätselhafter, geheimnisvoller, surrealistischer. Der Weg des reifenden Menschen und der reifenden Kultur geht vom Als-selbstverständlich-Hinnehmen zum Erstauntsein, vom Verstehen zum Geheimnis, vom Zungenreden zum Verstummen.

Kollektive Sicherheit

Was ist Kollektive Sicherheit? Fünf haben eine gemeinsame Speisekammer. Jeder hat sein Fach: einer ein größeres, einer ein kleineres. Vor jedem Fach steht ein Schild: »Souverän«.
Die Fünf halten einen Wachhund gegen Herrn Einbrecher. In der Speisekammer häufen sich die Vorräte in den Fächern. Sie machen ihre Eigentümer fett; der Rest verdirbt. Die mageren Besitzer der kleineren Fächer nennen sich Habenichtse. Daraus entsteht, mitten in der Speisekammer, ein Krieg.
Draußen patrouilliert friedlich der Wachhund.

Lüge und Wahrheit

Die Anwälte der »Lebenslüge«... waren immer bereit, unter allen Umständen die Ruhe eines Lebens zu schützen. Das war menschlich – und deckte jeden Wahn und viele Lügen.

Die Wahrheiten, die wir finden, sind nicht von letzter Wichtigkeit, und die Wahrheiten, die von letzter Wichtigkeit sind, finden wir nicht.

Wahrheiten können fast immer auch in den Dienst von Unwahrheiten gestellt werden.

Auch verlogene Menschen lügen bisweilen – und erfahren so, was Wahrheit ist.

Verlogenheit ist die Fähigkeit, auf schizophrene, also wenigstens ehrliche Weise unehrlich zu sein.

Macht

Da man Macht haben muß, um das Gute durchzusetzen, setzt man das Schlechte durch, um Macht zu gewinnen.

Nationalismus

Der jüngste Nationalismus: Europa. Vor einem europäischen Chauvinismus wird gewarnt.

Vernunft

Die Vernunft macht immer heller, in welchem Dunkel wir leben.

Die Vernunft kann nie mehr sein als vernünftig. Was mehr aus ihr herausgeholt wird, hat man vorher heimlich in sie hineingetan.

Wettbewerb

Weshalb ist Freundschaft so selten? Weil es, unter dem harten Gesetz des Wettbewerbs, Kraftverschwendung ist, im Nebenmenschen etwas anderes zu sehen als einen Konkurrenten oder einen Alliierten. So ist »Freundschaft« meistens: Spießgesellschaft.

Wer den Kampf (auch als sogenannten friedlichen Wettbewerb) verklärt, kennt ihn nicht; er ist immer ein Opfer.

Welche Sicherheit ist sicher?

Sicherheit ist die Besessenheit dieser Zeit

Im Frühjahr 1933 kam ich in ein kleines Fischerdorf Süd-Frankreichs. In meinem Hotel lebte auch ein freundlicher Greis, der in jüngeren Jahren der Friseur der Schauspielerin Duse gewesen war. Er machte mich mit den Wein-Bauern der Gegend bekannt – und sie machten mich mit dem Wein auf den Hügeln am Flüßchen Var bekannt.

Als sie hörten, daß ich ein deutscher Schriftsteller bin, beschlossen sie, durch mich ans deutsche Volk heranzutreten – das gerade Hitler zu seinem Führer erkoren hatte. Man bot mir französischen Kolonial-Besitz an, soviel ich wollte – und eventuell noch Elsaß-Lothringen dazu. Als Gegengabe forderte man nichts als »Sicherheit«. Diese Bauern des Département Alpes-Maritimes sprachen für das französische Volk.

Im selben Jahr zahlten die Deutschen noch mehr für diese begehrte »Sicherheit«. Sie fühlten sich alle sehr unsicher: die Arbeitslosen, die kleinen Ladenbesitzer, die ostpreußischen Agrarier, die Industriellen – die Expressionisten, Dadaisten und Surrealisten, die Philosophen des Kritizismus und die Theologen des Lebensdrangs. Da kam Einer daher und sicherte sie alle. Er gab ihnen Arbeit, Kraft durch Freude, Schutz vor der Gefahr einer Aufteilung des Großgrundbesitzes, eine Wehr gegen den Kommunismus – und außerdem noch eine handfeste Weltanschauung. – Man kann, bisweilen, jemanden auch dadurch sichern, daß man ihn halbtot schlägt. Das tat, im Jahre 1933, der Führer der Deutschen mit dem deutschen Volk. Die andere Hälfte wurde dann später totgeschlagen.

Die Sehnsucht nach »Sicherheit« wuchs in dem Maße, in dem die deutsche Sicherungs-Aktion erst die Nachbarn und dann die Nachbarn der Nachbarn immer unsicherer machte. Schließlich übersah die Welt vor diesem ungeheuren Herd der Unsicherheit inmitten Europas, daß man auch vorher schon nicht auf Beton gelebt hatte. So wurde das Verlangen nach Sicherheit zum Schrei nach der Ausrottung Deutschlands. Man meint, höchst naiv, auf diesem Wege die Wurzel aller Unsicherheit ausrotten zu können. Das ist eine der großen Illusionen der Zeit. Und wenn Deutschland wirklich zugrunde gerichtet werden sollte, dann wird es dieser Illusion zum Opfer fallen – und nicht dem sehr realen, sehr begreiflichen Haß. »Sicherheit« ist die eigentliche Besessenheit einer Zeit – die gar nicht sehr besessen ist.

Man braucht einen historischen Vergleich, um diese Besessenheit in ihrer ganzen Armut zu erfassen. Die berühmteste und lauteste Parole zwischen der Französischen Revolution und dem Ersten Weltkrieg hieß: »Liberty and the Pursuit of Happiness«. Man verwandte diese Worte ganz gewiß auch zur Herstellung der unfreiesten und unglücklichsten Zustände. Aber jene Freiheit ist einmal eine Verzückung gewesen. Vom Denken, das mit dieser Freiheit eng verknüpft war, schrieb, im Achtzehnten Jahrhundert, der englische Philosoph Berkeley: es sei das Verlangen der Zeit. Und jenes Glück war eine Seligkeit, die wir noch heute aus alten Sätzen und alten Klängen heraushören können.

Wer wird in dieser Zeit vom Enthusiasmus für die Freiheit, für das Denken, für Glück in Bewegung gesetzt? Freiheit ist die Erlaubnis, die Meinung der Morgen-Zeitung auf einen Wahlzettel zu schreiben; und außerdem hat ihr Hitler noch einen Glanz verliehen, den sie nicht mehr hervorbringen konnte. Denken ist aus einer abenteuerlichen Lust eine Fron geworden: im Dienste einer Industrie oder gar nur einer wissenschaftlichen Methode. Und Glück ist nur noch ein einsilbiges Wort in einem berühmten historischen Dokument. Den Platz aber, den einmal die verzückte Freiheit, das Abenteuer-lustige Denken und die Seligkeit des Glücks innehatte, besetzt nun: die Sicherheit. Hier diene als Kronzeuge ein Satz des Professor Shotwell, der an der Spitze einer jener Organisationen steht, die sich mit dem kommenden Frieden beschäftigen. Er sagt ausdrücklich: »Nicht auf gutes Leben ist unsere Politik in erster Linie aus, sondern auf Sicherheit ...« (»Not welfare but security will be the prime motive of policy.«) Das ist das Klima dieser Zeit, in Worten.

Die Optimisten sagen nicht: Wir gehen herrlichen Zeiten entgegen. Sie sagen: wir werden mit dem blauen Auge davonkommen. Wilson, ein Epigone hoffnungsvollerer Jahre, deutete seinen Krieg als: Krieg zur Beendigung aller Kriege. Roosevelt, Führer der Aktion zur Sicherheit der Menschheit gegen Selbst-Zerstörung, prägte für seinen Krieg den Namen: Krieg, um am Leben zu bleiben. Man kann dieser Zeit nicht nachsagen, daß sie große Rosinen im Kopfe hat. Ihr Motto lautet: Hauptsache ist, man bleibt gesund.

Nur Wenige machen sich wohl ausdrücklich klar, wieviel Verzicht ihr Ideal in sich schließt; denn mehr Sicherheit und mehr Wohlstand, mehr Sicherheit und mehr Freiheit gehen in der Gesellschaft des Wettbewerbs nicht zusammen. Die Demokratien sorgten sich um Wohlstand und Freiheit. Sowjet-Rußland sorgte sich um Sicherheit. Die Demokratien sicherten weder ihre Arbeitslosen noch sich selbst als Gruppe; und gaben reichlich politische Freiheit und Kleider. Die Russen hatten kaum Arbeitslose, rüsteten enorm, gingen in Sack und Asche und durften nicht weiter denken als die Prawda.

Man kann an jeder Ecke Menschen treffen, die der Ansicht sind, man könne alles Gute zusammen haben, wenn nur Bösartigkeit und Dummheit ein bißchen verschwinden würden. Die Wahrheit aber ist, daß unter dem Gesetze des Wettbewerbs Sicherheit nur zu haben ist auf Kosten von Freiheit und Wohlstand. Allerdings weiß das mancher nicht, der die Fahne der Sicherheit so lustig schwenkt.

Wie sieht Sicherheit aus?

Obwohl die Sicherheit mehr im Brennpunkt aller Gespräche ist, die den kommenden Frieden umkreisen, als irgendeine Grenze oder irgendeine Theorie des ökonomischen Lebens oder gar irgendeine Vorstellung von einem schöneren Dasein – so kann dennoch niemand recht sagen: was das eigentlich ist – Sicherheit.

Es sind immer die vagesten Vorstellungen, die Geschichte machen.

Wenn man zurückblickt auf die Fülle dessen, was als Sicherheit ersehnt worden ist, so entdeckt man: es gab so viele Sicherheiten, wie es Unsicherheiten gegeben hat. Die Vorstellung von einer Sicherheit ist die Vorstellung von der Ausschaltung einer Unsicherheit.

Wer nie ein Erdbeben erlebt hat, wird nicht zur Sicherheit rechnen, daß die Erde unter seinen Füßen unbeweglich ist. Wer nie Atemstörungen hatte, wird nicht zur Sicherheit rechnen, daß der Verkehr zwischen Lunge und Luft ohne Schwierigkeiten vor sich geht. Wer nie ein Arbeitsloser gewesen ist, wird nicht zur Sicherheit rechnen, daß für den nächsten Tag Vorrat da ist. Und wer nicht ein Volk zum Nachbarn hat, das über einen herzufallen pflegt, wird nicht zur Sicherheit rechnen, daß eine chinesische Mauer oder eine Maginot-Linie die Grenzen schützt. Ein Jäger, auf einer einsamen Insel, der einen Hasen geschossen und ein Felsloch gefunden hat, fühlt sich vielleicht sicher; und ein Millionär, in seinem New Yorker Palast, fühlt sich vielleicht unsicher, weil von einem russisch-japanischen Bündnis gemunkelt wird.

Die Mannigfaltigkeit der Unsicherheiten ist nicht auf einen Nenner zu bringen. Deshalb hat die Vorstellung von der Geschichte der Menschheit als einem universalen Fortschritt in der Verminderung der Unsicherheit nicht den geringsten Sinn. Wie soll man ausrechnen: ob eine Hökerin auf dem Markt zu Athen, die dem Sokrates Feigen verkaufte, mehr oder weniger Sicherheit hatte als jener Filippino, der mir gestern auf dem Ralph's Market in Beverly Hills ähnliche Feigen verkaufte. Und da man hier nichts gegen einander abwiegen kann, ist alles zu beweisen – zum Beispiel auch, daß die Sicherheit im Laufe der Geschichte abgenommen hat; und zwar umso mehr, je umfangreicher die Gruppen wurden und je schneller das Niemands-Land zwischen ihnen verschwand. Zur Zeit des Perikles, kann man sagen, war das Schicksal eines Atheners von nicht sehr vielen Gruppen jenseits des Athenischen Imperiums abhängig. Im Fünften Jahrhundert nach Christi hing die Sicherheit eines Fränkischen Bauern an der Mosel bereits ab von der Unsicherheit eines Mongolen im Norden Chinas. Und im Achtzehnten Jahrhundert klagte Rousseau: »Jeder dehnt sich, sozusagen, über den ganzen Erdteil aus und wird über diese ganze große Fläche empfindlich.« Aber dann kann man wiederum erwidern: Auch die Sicherheit ist gewachsen, weil nicht nur der Krieg immer mehr total wird – sondern auch der Frieden. Kurz, alle diese Unterhaltungen gehören in ein Museum für vergeudete Argumente.

Man kann von mehr oder weniger Sicherheit allgemein überhaupt nur in einer einzigen Hinsicht reden: in Bezug auf die Zeit. Wieviel Zukunft ist unter Kontrolle? Es gibt da eine Skala, die beginnt mit der nächsten Sekunde – und hat als andere Grenze: die Ewigkeit. Die nächste Minute ist Zukunft. Das nächste Jahrtausend ist mehr Zukunft. Das ewige Leben nach dem Tode ist noch mehr Zukunft. Das Horten von Nahrung scheint der erste Schritt in der Sicherung der Zukunft – und auf dem Wege der Kultur gewesen zu sein; so eng hängt der Wille zur Sicherheit und Kultur zusammen. Nahrung für morgen ist eine Sicherheit. Die Garantie, nach dem Tode weiterzuleben, ist eine noch größere Sicherheit. Was wir Kultur nennen (materielle Kultur und geistige Kultur), hat als eine ihrer starken Wurzeln den Willen zur Verewigung des bestehenden Zustands. Und man kann ein Jahrhundert oder eine Schicht oder einen Einzelnen auch dadurch charakterisieren, daß man bezeichnet: wie die spezifische Sicherheit aussah.

Ein Beispiel: Im Frühjahr 1914 ging ein Vater mit seinem Sohn durch den Berliner Tiergarten. Der Vater, siebenundsechzig, ein Fabrikant, hatte sein Vermögen folgendermaßen verteilt: ein Viertel in der Fabrik, ein Viertel in Grundstücken, ein Viertel in Ländereien und ein Viertel in Aktien. Seine Sicherheit ruhte auf vier Säulen. Er hatte, zeit seines Lebens, nicht erlebt, daß diese vier Säulen auf einmal niederbrechen. Der Sohn des Fabrikanten, zwanzig, hatte sich mit Philosophen eingelassen, wußte nicht, was eine Aktie ist – und fühlte sich sehr unsicher, weil folgender Satz in ihn eingeschlagen hatte: die Natur hat vergessen, daß sie Chaos war, und doch kann ihr das auch wieder einfallen.

Und es sprach der Vater zu dem Sohn: Deine Sicherheit ist gewährleistet – und auch noch die Sicherheit Deiner Kinder. Was danach kommt, steht bei Gott. Gott war eine Chiffre für Unsicherheit. Zehn Jahre später war der Vater tot, Deutschland besiegt, die ganze Säulen-Reihe zusammengebrochen – und die Sicherheit für zwei Generationen auf eine Sicherheit für vier Monate zusammengeschrumpft. Aber das ist gleichgültig.

Entscheidend ist: dieser Mensch war ein Mann, der an die Sicherheit für zwei Generationen, nicht mehr und nicht weniger, glaubte.

Unsicherheiten, von denen man kaum spricht

Der Mensch ist eine Häufungs-Stelle von Unsicherheiten. Die Dichter haben es ausführlich beklagt. Kein Katalog kann Auskunft geben, wo überall sie ihren Ursprung haben können.

Die Erde hat ihre Abhängigkeit und ihre eigenen Zusammenbrüche – und wir hängen von beiden ab. Nicht-menschliche Lebewesen haben Hunger auf uns oder auf ein Stück von uns; auch das erhöht die Unsicherheit. Und jede Sekunde kann eine Palast-Revolution ausbrechen im innersten Bezirk – in unserem Gekröse oder in jenem Zwangs-Staat, den wir Ich zu nennen pflegen.

Das sind nur drei Gebiete von vielen, wo heranwächst, was uns gefährdet; und des berühmtesten Gebiets ist dabei noch gar nicht Erwähnung getan. Voll von Unsicherheit ist jede Sekunde jedes Menschen. Diese Einsicht hatte wahrscheinlich schon der erste Mensch, der Einsichten hatte. Die Kulturen haben hier einen Ursprung und eine Triebfeder.

Die Erde ist ein souveräner Klein-Staat – von inneren Kämpfen erschüttert und umgeben von Großmächten, die ihr außer dieser eingebildeten Souveränität wohl nicht allzu viel Selbständigkeit gelassen haben. Von diesen Großmächten ist nur die Sonne etwas bekannter. Sie ist für die Erde – etwa, was England und Deutschland in der letzten Epoche für Dänemark gewesen sind. In guten Zeiten geht es gut. Wenn schlechte Zeiten kommen, wird die souveräne Erde entweder erfrieren oder verbrennen. Die Geschichte unseres Sterns ist ein Kapitelchen aus der Geschichte unserer Sonne – wie der souveräne Klein-Staat ein Kapitelchen aus der Geschichte der benachbarten Großmacht ist. Wovon die Geschichte der Sonne ein Kapitelchen ist, steht noch nicht in den Büchern.

Die Unsicherheit, die von der Erde ausgeht, stammt nicht nur von einer astronomischen Ungewißheit, sondern ebenso von einer geologischen Gewißheit. Die Kruste der Erde, der Schauplatz alles menschlichen Daseins, ist ganz gewiß keine rechte Grundlage für eine ordentliche Karriere. Poeten haben das bisweilen bemerkt. Eine der Figuren des deutschen Dichters Georg Büchner sagt: »Die Erde ist eine dünne Kruste, ich meine immer, ich könnte durchfallen, wo sie ein Loch hat.«

Die Erde ist unsolide, durch und durch; und das kommt nicht erst in Erdbeben und Vulkanen heraus. Die Unsolidität liegt schon obenauf. Meere und Flüsse toben – wie Wahnsinnige. Berge rutschen ab – wie ewige Völker. Die Natur ist voller Drohungen – außer dort, wo der Mensch sie abgerichtet hat.

So ist sie nicht, wie man sich oft einredete, die wohl-etablierte Persönlichkeit, an die man sich halten kann. Nicht nur Menschen und Städte und Kulturen verwehen; auch Berge und Seen. Der Durchmesser der Erde ist (seitdem Menschen vorhanden sind) um 60 Kilometer geschrumpft. Einst hatte die Erde noch nicht jene Rille im Gesicht, die wir Beringstraße nennen. Wo heute das Mittelmeer ist, soll einmal ein großes Tal mit zwei Binnen-Seen gewesen sein. Man stelle sich vor, man wäre zusammen mit der Erde gealtert: sie würde einem vorkommen wie eine Jugendfreundin, mit der man vor dreißig Jahren am Strande Muscheln gesucht hat. Die Erde, monumentale Kulisse unseres Lebens, ist flüchtig wie dieses; nur flieht sie in einem gemächlicheren Tempo. Die Tempo-Differenz erscheint uns als Unvergänglichkeit. Aber die Erde ist nicht so zuverlässig, wie der Mensch in seiner hastigeren Unzuverlässigkeit meint.

Sie ist nicht einmal eine feste Größe – im Sinne dieser Geo-Politik: ein starres Gerüst für die flüchtigen Szenen der Geschichte, eine unverrückbare Gegebenheit aller Politik. Die Technik modelliert am Antlitz der Erde herum – wie die medizinische Plastik an Nasen und Ohren; und bald wird man sich sein Gesicht und die Figur seiner Erde im Katalog aussuchen können. Und selbst, wenn nicht Kanäle und Gräben gegraben und Seen trockengelegt würden – es gibt nicht diese eherne Erde, ewiges Fatum der historischen Vergänglichkeit. Ein Berg ist nicht ein Berg, und ein Meer ist nicht ein Meer – sondern sie sind, was die Technik des Jahres sagt, daß sie sind. Eine Wüste ist nicht eine Wüste, ein fruchtbares Land nicht ein fruchtbares Land – sondern sie sind, was die Technik des Jahres sagt, daß sie sind. Die Politik hängt nicht von der Gestalt der Erde ab, sondern die Gestalt der Erde hängt von der Politik ab. Man sollte nicht mehr Geographie lehren, sondern nur noch Geographien. Die Entfernung zwischen zwei Punkten der Erde sollte nicht mehr in Meilen angegeben werden – sondern im Maße der Zeit, die gebraucht wird, von einem Punkt zum andern zu kommen. Das Mittelmeer zur Zeit des General Pompejus und das Mittelmeer zur Zeit des General Eisenhower sind nur in einem sehr abstrakten Sinn ein und dasselbe.

Das Maß von Unsicherheit, das von dieser Erde ausgeht, läßt sich messen an dem Übermaß an Sicherheit, in die man diese Unsicherheit zu verwandeln suchte; und die geo-politische Religion ist ein letzter armseliger Versuch. Die Erde wurde zum Rückgrat für den schwankenden Menschen. Sie wurde zur Mutter Erde: zu einem riesigen (durch seinen Umfang imponierenden), ewigen (durch sein Alter imponierenden), wohlwollenden (durch seine nützlichen Produkte imponierenden) Säugetier, dem die Menschheit an die Zitzen gelegt worden ist. Sie wurde ein heiliges Säugetier: wie alles heilig gesprochen wird, was dem Menschen Sicherheit verspricht. Man hängt sich gerne an – unsicher, wie sich auch noch der Stärkste fühlt. Man ist anhänglich. Die Mutter Erde war eine Schöpfung der Sehnsucht nach Geborgenheit. Das Vaterland ist nur noch ein matter Abglanz davon.

Die Erde ist aus den Jahren der Mutter heraus – wie die Menschheit aus dem Matriarchat. Die (mindere) Sicherheit, die sie noch zu geben hat, ist nicht die Sicherheit, die von der Mutter kommt, sondern die Sicherheit, die vom Gesetz kommt. Platon fand Ruhe in diesem zuverlässigen Gang der Gestirne: den er dem regellosen Getriebe unter den Menschen als Vorbild vorhielt. Daß alle Gestirne – und die Erde unter ihnen – Gesetzen folgen, lauter Muster-Schüler: ist ein matter Widerschein jenes Vertrauens, das man einmal zur Mutter Erde hatte.

Und auch dieses bescheidene Vertrauen ist nicht mehr sehr fest. Im Siebzehnten Jahrhundert schrieb Pascal: »Wenn wir immer wieder dieselbe Wirkung sehen, schließen wir auf eine natürliche Notwendigkeit – etwa, daß es ein Morgen gibt. Aber die Natur enttäuscht uns oft und befolgt ihre eigenen Regeln nicht.« Im Neunzehnten Jahrhundert schrieb Kierkegaard: »Die Natur hat vergessen, daß sie Chaos war, und doch kann ihr das auch wieder einfallen.« Und im Zwanzigsten Jahrhundert ist vor der strengsten Wissenschaft das Naturgesetz nur noch ein kindlicher Anthropomorphismus.

Sicherheit ist wahrscheinlich eine Episode zwischen zwei Unsicherheiten: die, in welcher der Mensch lebte vor Beginn der Kultur – und die, welcher der Mensch sich nähert. Es ist sehr schwer, sich von der Unsicherheit am Ende der Kulturen ein Bild zu machen.

Die Natur hat vergessen, daß sie Chaos war. Der Zusammenhang zwischen Vergessen und Sicherheit ist erheblich. Sicherheit ist zu einem guten Teil vergessene Unsicherheit. Vergessen schafft Stabilität. Die Sizilianer bauen immer wieder auf dem fruchtbaren Lava-Schutt neue Gemüse-Gärten an, die dann eine frische Lava wieder zuschüttet. Und die Vergeßlichkeit geht so weit, daß dieser Vulkan, der ihre spezifische Unsicherheit personifiziert, auf ihren kolorierten Karten als ein in allen Farben lieblich schimmerndes Ungeheuer erscheint.

Ein solches Vergessen deckt auch den Kampf zwischen dem Menschen und den nicht-menschlichen Lebewesen zu – und die Unsicherheit, die sie schaffen. Man weiß nur wenig von jener Zeit, da Kriege noch nicht zwischen Deutschen und Franzosen tobten, sondern erst zwischen Mammuts und Menschen. Vielleicht ist die Unsicherheit des Menschen innerhalb der Menschen-Gesellschaft nie mehr so groß gewesen – wie sie es einmal war, innerhalb der Tier-Gesellschaft. Caesar ließ den Verteidigern der Festung Uxellodunum eine Hand abhauen; aber die andere ließ er ihnen eben doch. Löwen und Wölfe schufen wohl eine größere Unsicherheit – als später die Deutschen unter Bismarck, Wilhelm und Hitler. Das Homo homini lupus entstammt dem Vergessen, was einmal ein Wolf gewesen ist.

Wenn der äußere Feind stark genug ist, pflegt der Hader unter den gemeinsam Bedrohten gering zu sein. Gab es vielleicht eine Zeit, in der die Menschen aus gemeinsamer Unsicherheit Brüder waren? Vielleicht ist der Kampf zwischen Menschen-Gruppen überhaupt erst möglich geworden, nachdem der nicht-menschliche Feind weitgehend ausgeschaltet war. Übrig blieb von diesem Kampf, wie anzunehmen ist: der kriegerische Instinkt. Er ist die tiefe Narbe, die der Mensch zurückbehielt aus der Zeit der Sicherungs-Aktionen gegen die nicht-menschlichen Mitbewohner der Erde. Die Verfeinerung dieses Instinkts ist der Wettbewerb. So daß sich keine Kultur, die auf Wettbewerb aufgebaut ist, wundern soll über die unverwüstliche Vitalität des kriegerischen Instinkts.

In Paris, London und New York werden die Menschen nicht mehr von Wölfen überfallen, sondern nur noch von Menschen – und auch dies meist nur in einer sehr metaphorischen Bedeutung. Die wilden Tiere existieren in sehr vielen Menschen-Siedlungen nur noch im Traum, im Bilder-Buch, im Zirkus und im Zoo – teilweise als Masken geheimer Ängste, teilweise als Ausflug von der Langeweile, die den zivilisierten Siedlungen entströmt. Und so sieht es aus, als ob jene Unsicherheit, die in der Existenz nichtmenschlicher Lebewesen ihren Ursprung hatte, für den größten Teil der Menschheit nicht mehr vorhanden ist.

Es sieht nur so aus. Diese Unsicherheit ist mikroskopisch geworden. Die gefährlichen Bestien, die ungesehen bis zum Fünfzigsten Stock kommen, um Menschen zu attackieren und aufzufressen, werden Mikroben genannt. Die Unsicherheit, in die sie den Menschen versetzen, ist nur insofern geringer: als die kleinen stummen Dinger weder den Rachen aufreißen noch brüllen. Sie drängen sich der Phantasie nicht so auf. Man kann sie leichter vergessen. Man träumt deshalb zwar noch von Schlangen und Nashörnern, aber nicht von Bazillen.

Nur Spezialisten für Unsicherheit, wie der Philosoph Schopenhauer, der stets daran dachte, auf wie vielen Schleichwegen die Gefahr nahen kann, fühlen sich ebenso unsicher vor den allgegenwärtigen unsichtbaren Tierchen – wie ein frommer Sünder sich unsicher fühlt vor dem allgegenwärtigen, ebenso unsichtbaren und ebenso gefährlichen Gott. Schopenhauer, der winzigen Bestien immer gewärtig, atmete im Freien, nach Kants Vorbild, nur mit geschlossenem Mund. Führte stets ein kleines ledernes Schiffchen als Trink-Becher mit sich. Und nahm die Spitzen und Köpfe seiner Pfeife nach jedesmaligem Gebrauch unter strengen Verschluß, auf daß kein Bazillen-Träger sie berühre.

Er ist der Ur-Enkel von Ahnen gewesen, welche Wachen aufstellten, um vor dem Überfall einer Tiger-Horde geschützt zu sein. Philosophen unterscheiden sich von weniger Philosophischen auch dadurch, daß sie nicht so leicht vergessen.

Und wenn die Erde aus Erz wäre – und wenn die letzte Schlange nebst der letzten Mikrobe ausgerottet wäre – die größte Unsicherheit schleppt jeder ein Leben lang mit sich herum: den Körper, der ein labiles Rätsel ist, und die Seele, die ein labiles Rätsel ist, und beides zusammen nennt man Ich. Das Ich präsentiert sich als zwei Fragwürdigkeiten – und ist außerdem noch der Zielpunkt und der Treffpunkt aller Unsicherheiten.

Dies heikle Stück, das jeder sein Ich nennt, ist am schnellsten zu vergleichen mit einer von schweren Konflikten gerüttelten Familie, die nur mühsam zusammenzuhalten ist. In einem Buch *Die Wissenschaft vom Leben (The Science of Life)*, das Julian Huxley und Wells zusammen verfaßt haben, heißt es: »Die unstabile Gesundheit des Menschen ist nur ein Sonder-Fall der Unstabilität alles Lebens.« (»The unstable health of man is only a case of the universal unstability of life.«) Nur ein Sonder-Fall; aber für jeden Menschen dadurch ausgezeichnet, daß er besonders aufdringlich ist, besonders schwer zu vergessen. Diese Quelle der Unsicherheit speist alle andern und verstärkt sie noch.

Man kann die dünne Kruste der Erde vergessen, man kann die Mikroben vergessen – aber nicht diese diffizile, ewig reparaturbedürftige Apparatur, in der man lebt. Krankheit, im populären Sinne des Wortes, ist meist nur ein Ausnahme-Zustand. Krankheiten sind in der Regel lokal bestimmbare, dem Zugriff des Arztes zugängliche, von der menschlichen Gesellschaft anerkannte – episodische Unsicherheiten. Gegen Krankheiten gibt es Therapien, Doktoren und Krankenhäuser. Wer krank ist, hat immer noch Hoffnung, gesund zu werden.

Unsicherer fühlt sich der Gesunde, dem das Vertrauen zum Körper fehlt – und wer hat Vertrauen, außer in festlichen Minuten? Unsicherer als der Kranke fühlt sich der Gesunde. Er wird nicht durch Schmerzen irritiert, sondern durch Mißbehagen. Er leidet nicht an einem Organ, er hat Organ-Gefühle. Sein Körper ist immer da und gibt immer Signale, die melden: daß dieses Ich sich über einem ganz unsicheren Grunde hochreckt. Wahrscheinlich steckt in allen Ekstasen – von der Ekstase im Alkohol bis zur Ekstase in der mystischen Vereinigung mit Gott – auch die Flucht vor dem Körper, den niemand ganz verschmerzt. Jeder Arzt kennt die Leidenschaft des Patienten, seinen Körper zu besprechen – im doppelten Sinne des Wortes. Wenn nichts mehr hilft, wird die Erlösung noch in der Benennung gesucht. Und dem Arzt wird die Erlöser-Rolle zugeschoben: er hat der Unsicherheit einen Namen zu geben.

In jüngeren Jahren kann der Körper zeitweise vergessen werden. Mit zunehmendem Alter wird es schwieriger. Allerdings pflegt dafür die seelische Robustheit zuzunehmen. Melancholie – eigentümlich dem Alter, in dem viele Sicherheiten zum ersten Mal als Ent-Täuschungen erlebt werden – ist eine Jugend-Krankheit und bessert sich in der Regel mit den Jahren: weil die späteren Ent-Täuschungen nicht mehr die Kraft der ersten zu haben pflegen. Der große Melancholiker Stendhal schrieb im Jahre 1822: »Oft ertappe ich mich dabei, daß ich mich jetzt glücklicher fühle, als ich es als Zwanzigjähriger war. Und doch bin ich bald Vierzig.« Fast alle Versuchungen, sich das Leben zu nehmen, lagen vor dieser Zeit. Der ältere Mensch ergibt sich. Er gewöhnt sich an den Zustand der Unsicherheit. Er wird vertraut mit dem Tod. Am 31. Mai 1789 schrieb Benjamin Franklin: »Je mehr wir uns dem Abschluß des Lebens nähern, um so mehr hilft uns die Natur, es uns abzugewöhnen; dazu gehört in erster Linie der Verlust von so guten Freunden, wie ich jetzt einen verloren habe.« (»As we draw nearer the conclusion of life, nature furnishes us with more helps to wean us from it, among which one of the most powerful is the loss of such dear friends...«) Schopenhauer, ein sehr unglücklicher Jüngling, kam schließlich so weit in Harmonie mit der beängstigenden Wirklichkeit, daß er die Menschen pries: weil sie es fertiggebracht hätten, auf einem so kleinen Fleck wie London in solchen Massen schiedlich-friedlich beieinander zu sitzen. Eine schöne milde Abendsonne hauchte die irdische Hölle des Schwarzsehers zum Abschied rosig an. Der Siebzigjährige hatte einen tiefen Schlaf – und den Wunsch, Neunzig zu werden. In den Achtzigern, meinte er, habe der Tod immer noch etwas Gewaltsames; erst dann ginge das Leben ohne Gewaltsamkeit ins Nichts über. Es gibt kaum eine goldene Jugend. Aber es gibt etwas, was aussieht wie ein goldenes Alter. Die Unsicherheit, die von Körper und Seele kommt, wird akzeptiert – und somit etwas entkräftet.

Welche Unsicherheit kommt dem Peter von seiner Seele – von dieser Seele, die lebenslustig ist oder kopfhängerisch, energisch oder lahm, erfolgreich oder ein Versager? Man hat die Gesellschaft als ein Ich in Groß-Format dargestellt. Man kommt weiter, wenn man das Ich als eine ganz spezifische Gesellschaft im Kleinen darstellt – abgesehen davon, daß es noch mehr ist. Dann zeigt sich, daß dem Peter, von besonderen Umständen abgesehen, so viel Unsicherheit von seiner Seele kommt, wie ihm Unsicherheit von den Mit-Menschen kommt. Jeder trägt die Spannungen der zeitgenössischen Welt mit sich herum. Das Suchen nach der Kollektiven Sicherheit gegen politische Anarchie und das Suchen nach der Kollektiven Sicherheit gegen die seelische Anarchie, die Peter nicht aushält, ist identisch. Man wird Peter nicht in Ordnung bringen, wenn man die Welt, in der er lebt, nicht in Ordnung bringt.

Die Unsicherheit, die dem Einzelnen von seinem anarchischen Ich kommt, ist dieselbe Unsicherheit, die den Völkern von ihren Arbeitslosen und von den Deutschen und von dem Krieg kommt. Wer heute lebt, kann seine Welt nicht fassen – und kann sich selber nicht fassen; und diese Rätselhaftigkeit von Gebilden, mit denen man so eng verbandelt ist wie mit seinem Ich und seiner Gesellschaft, schafft Unsicherheit. Sieht man in die Welt, so sieht man eine undurchdringliche Wildnis. Sieht man in den Spiegel, so verirrt man sich in sich selbst. Die Welt ist eine Fremde; und das eigene Ich ist nicht eine Spur vertrauter.

Man erfährt sehr viel von der Welt. An jedem Tag schickt jeder größere Platz der Erde Informationen über sich rund um den Erdball. Aber setzt man alle Informationen zusammen, so hat man eine Hieroglyphe; und nur diese Herden hinter einer Kinder-Formel glauben noch, die Hieroglyphe der Zeit lesen zu können. Die Andern sind Positivisten. Und genau so ist es mit dem Ich: das Bewußte ist unheimlich bewußt geworden; das Unbewußte hat kaum noch einen Schlupfwinkel; und sogar das, was die lange Geschichte der Gattung in mich geschwemmt hat, erhält immer mehr Licht. Jeder zergliedert sich. Jeder hat seine Selbstverminderungen und Über-Kompense unter Kontrolle. Jeder kraxelt in den Klüften seiner Seele wie ein trainierter Mont-Blanc-Besteiger herum. Und die Folge von so viel Einsicht ist, daß es kaum noch möglich ist, sich aufrichtig zu portraitieren;

nur Epigonen schreiben noch Selbst-Biographien. Das Ich kann nicht mehr seine Bekanntschaft machen.

Und das Bißchen, was mir bekannt ist an mir, diesem Peter: zerfällt in einen Haufen von Pauls und Kurts. Ich bin ein Ich eigentlich nur noch, wenn ich mich ganz kurzsichtig stelle. Dann sehe ich von mir so viel, wie andere Menschen von mir sehen, die gar nicht so genau hinschauen: weil sie nur interessiert sind, zu erfahren, was sie von mir zu erwarten haben. Kann ich mich auf so etwas Rätselhaftes und Unkohärentes verlassen? Das ist die zentrale Frage der Sicherheit. Das Zentrum aller Unsicherheiten ist ein nebelhaftes und desintegriertes Ich.

Ich fühle mich sehr unsicher mit mir. Ich kann mich auf mich nur so weit verlassen, wie ich zu faul bin, den mir angewöhnten Peter zu sprengen – und das Bündel von Seelen in mir zu entfesseln. Auch so schon springt mein Subjekt-Punkt herum (wie Nietzsche diesen Vorgang einmal benannt hat): springt herum, und mal bin ich in einer Feigheit und mal in einem Mut und mal in einer Kälte und mal in einer Leidenschaft. Der Subjekt-Punkt springt so kreuz und quer wie der Amerikaner, der heute Tellerwäscher ist und morgen Prediger und dann Rechtsanwalt und dann Farmer. Kann man sich auf so ein springendes Ich verlassen?

Das Neunzehnte Jahrhundert verzweifelte daran, alle diese Triebe und Erlebnisse und Gedanken in einer Kollektiven Sicherheit binden zu können. Und es schuf das trotzige Bekenntnis zur Unsicherheit – die Verherrlichung eines Zustandes, den zu überwinden einst die Kultur in die Existenz kam. »Widerspreche ich mir?« fragte Walt Whitman. Und antwortete trotzig: »Sehr gut, dann widerspreche ich mir.« (»Do I contradict myself? Very well, then I contradict myself.«) Das schrieb ein Poet am Schreibtisch. Er gab die Fiktion eines Ich auf – wie man später die Fiktion der Menschheit aufgab.

Es ist in den Überschriften der Zeitungen wenig davon die Rede, daß die Kruste der Erde sehr dünn ist. Auch hat die gefährlichste Mikrobe nicht die Publizität des deutschen Volks. Und die

Kollektive Sicherheit für souveräne Triebe wird nicht als so dringend empfunden wie die Kollektive Sicherheit für souveräne Gruppen.

Wir, die wir heute atmen, sind gewohnt, in Kontinenten zu denken und in Korallen-Stöcken, deren Einheit hundert Millionen sind. Dennoch zielt alles auf die Sicherung des Ich. Diese zappligen Wesen, die Ich genannt werden, sind auch im Frieden nicht sicher. Sie gravitieren nach einem Punkt, welcher der schwer zu fassende Kern aller Reden über Sicherheit ist.

Welche Sicherheit ist sicher?

Vernunft gegen Unsicherheit

Die Geschichte der Zivilisation ist zu einem guten Teil die Geschichte von überwundenen (nicht nur vergessenen) Unsicherheiten.

Diese Überwindungen vollzogen sich vornehmlich auf drei großen Wegen: auf dem Wege der Ausrottung des Feindlichen, auf dem Wege der Verteidigung gegen das Feindliche – und auf dem Wege der Einordnung des Feindlichen. Ein weniger freundlicher Ausdruck für Einordnung lautet: Beherrschung.

Ausrottung, das heißt: man geht gegen wilde Tiere, Mikroben und Ungeziefer vor, indem man sie aus der Welt schafft. Verteidigung, das heißt: man schützt sich gegen feindliche Nachbarn, die man nicht vernichten kann, mit dem Römischen Wall oder der Siegfried-Linie. Beherrschung, das heißt: man wird der Gefahr, mit welcher Feuer oder Sozialisten einen bedrohen, Herr, indem man sie zu Haustieren macht, die den Karren der Dompteure ziehen. Aus dem Feuer wurde der traute Kamin und der fast ebenso trauliche Heizkessel; aus den Räubern wurden Wirtschaftsführer, und aus Sozialisten Patrioten, die dem anti-sozialistischen Staat Kriegs-Kredite bewilligen.

Ausrotten, Verteidigen, Beherrschen sind die drei größten Wege der Sicherung. Das Beherrschen ist vielleicht zuerst eingeübt worden als Notwendigkeit, sich zu sichern. Der Wille zur Macht, den man zum Mittelpunkt der Lehre von der menschlichen Natur gemacht hat, ist wahrscheinlich ein sekundärer Instinkt.

Das große Werkzeug, mit dem man (um einer Sicherheit willen) ausrottete und verteidigte und beherrschte, ist nun die Vernunft. Sie ist ein Werkzeug, das Werkzeuge schafft. Und sie ist deshalb, nicht mit Unrecht, zum Maß der Zivilisation gemacht worden. Der englische Kulturhistoriker Buckle schreibt: »Der Triumph der Vernunft über Dinge, die außerhalb liegen, ist das Maß der Zivilisation.« (»The measure of civilization is the triumph of mind over external agents.«) Dieser Triumph ist: Ausrottung, Verteidigung, Beherrschung.

Was rief die Vernunft ins Leben? »Es ist unmöglich«, schrieb Rousseau, »den Grund einzusehen, weshalb ein Mensch, der nichts fürchtet und nichts will, sich Umstände machen sollte, vernünftig zu sein.« Unsicherheit ist wahrscheinlich der Ursprung der Vernunft gewesen. Und dann erwies sie sich, darüber hinaus, als ein Vermögen, den besten Weg zu finden zu jedem beliebigen Wunsch.

Jeder Wunsch, jedes Ziel hat seine spezifische Vernunft. Das Ziel kann sein: die Schaffung eines Damms (damit der Fluß die Häuser nicht überschwemmt). Das Ziel kann sein: die Durchstoßung eines Damms (damit der Fluß die Häuser der Feinde überschwemmt). »An und für sich« ist weder das Aufrichten noch das Niederreißen vernünftig. Nur ein Mittel kann vernünftig sein; ein Ziel ist weder vernünftig noch unvernünftig. Das gilt in gleicher Weise für einen Tischler, der einen Tisch mit Vernunft macht; für einen Philosophen, der ein System mit Vernunft macht; und für einen Staatsmann, der einen Staat mit Vernunft macht. Es gibt weder einen vernünftigen Tisch noch eine vernünftige Philosophie noch einen vernünftigen Staat – wenn man nicht dazusagt, was man mit Tisch, Philosophie und Staat will. Es gibt verschiedene Tische, die alle mit Vernunft gemacht sein können; ein Eß-Tisch hat eine andere Vernunft als ein Schreib-Tisch. Es gibt viele verschiedene Staaten, die alle mit Vernunft gemacht sein können; der faschistische Staat hat eine andere Vernunft als der demokratische. Das Ziel eines Staates kann sein: die Welt-Tyrannei oder die Stabilisierung des bestehenden Staaten-Systems oder der Mensch, von dem Jesus spricht. Alle drei Ziele können mit mehr oder weniger Vernunft durchgeführt werden. Am meisten Vernunft war in den Dreißiger Jahren bei den Faschisten: das ist die Ursache des Zweiten Weltkriegs gewesen.

Und es gibt nicht nur eine einzige Praktische Vernunft, eine einzige Moral – wie alle Philosophen glaubten, die aus der Logik eine Ethik abzuleiten suchten. Es gibt viele Moralen – je nachdem, was man will. Seneca sagte: »Wenn Du Dir alles unterwerfen willst, unterwirf Dich der Vernunft.« (»Si vis tibi omnia subjicere, te subjice rationi.«) Das ist richtig – und sagt nichts, es sei denn: Du brauchst immer das Werkzeug Vernunft, was Du auch immer erreichen willst. Das Wort vernünftig empfängt seinen Inhalt erst vom Ideal. Ist das Ideal: Vermeidung aller Aufregungen – weil man mit Sokrates (der glücklich ist, daß ihm die schmerzenden Gefängnis-Ketten abgenommen werden) Glück nur für eine Negation von Unglück hält und sonst nichts –, dann ist Askese vernünftig. Ist das Ideal: Überschwengliche Lust – weil einem eine einzige Sekunde Glückseligkeit jedes Risiko lohnt –, dann ist Askese unvernünftig.

Es gibt keinen vernünftigen Tisch, keinen vernünftigen Staat und keine vernünftige Moral; es gibt dies alles nur im Plural. Es gibt so viel mal Vernunft, wie es Ziele gibt; deshalb redet man besser nicht von Vernunft, sondern von Vernünften. Vernunft ist: was einem zum Zweck gut dient – nicht aber: was einem guten Zweck dient.

Den Niederschlag dieser Vernünfte haben wir in vier Aggregat-Zuständen. Einmal, in der Form von individuellen Erfahrungen, die vom Gedächtnis aufbewahrt werden. Dann, in der Form von Werkzeugen: dem Hammer, der Brille, dem Flugzeug; und in der Form von Werkzeugen, die Werkzeuge produzieren – in der Maschine. Dann, in der Form von Werken: von Büchern, Pyramiden und Grammophonplatten. Und schließlich, in der

Form der von einer Vernunft ausgebildeten Wirklichkeit: einem Garten, einem Tunnel, dem Suez-Kanal.

Die Erde hat, auf weite Strecken hin, vernünftige Züge eingeprägt erhalten – die Züge vieler Vernünfte. Die Erde ist – bis fünf Meilen über und unter dem Meeresspiegel – zur Vernunft, zu irgendeiner Vernunft gebracht worden. Die Vernünfte haben die Erde hier und da überwachsen – bisweilen etagenhoch; eine Vernunft hat immer eine andere überwachsen. Ich habe in Cordova eine Moschee gesehen, die eine Christliche Kirche geworden war, und in Rußland Christliche Kirchen, die nun als atheistische Versammlungs-Stätten dienten.

Mit dem Menschen ist es ähnlich. Auch er ist eine von Vernünften vielschichtig überwachsene »Natur«. Und das Gleiche gilt für den Staat.

Gesellschaftliche Sicherheit

Jeder Staat ist – wie jeder Tisch, jeder Tunnel, jeder Garten, jeder Mensch – eine von irgendeiner Vernunft gestempelte Natur. Spinoza sagte: »Zweck des Staates« ist die »Sicherung des Lebens«. Man sollte deutlicher sagen: Sicherheit eines bestimmten Lebens. Man sollte noch deutlicher sagen: Sicherung bestimmter Macht-Verhältnisse. Auch darin unterscheidet sich ein Staat nicht von einem Tisch oder einem Tunnel oder einem Garten oder einem Menschen.

Die Vernunft eines Staates besteht in der Summe der Mittel, mit denen seine spezifische »Sicherheit des Lebens« erreicht wird. Diese Vernunft manifestiert sich in der Konstitution, in den Gesetzen, in den Gewohnheiten. Sie spielt im Staat dieselbe Rolle, die sie immer spielt: sie vergewaltigt – auf einen Zweck hin. Oft gelingt das nicht mehr, aus irgendeinem Grunde. Dann wird von Unsicherheit geredet. Und dann wird Sicherheit verlangt. Dieses Verlangen kann von zwei diametral entgegengesetzten Seiten ausgehen, und das erklärt: weshalb alle Welt heute für Sicherheit ist.

Sicherheit war immer eine große Vokabel in den Wörterbüchern der Leute, die einen bestehenden Zustand konservieren wollen. Das geschah am vernünftigsten in jenem Kasten-System, dessen Überbleibsel wir noch im zeitgenössischen Indien haben. Der Einzelne wird in ein bestimmtes Fach hineingeboren, aus dem er nicht herausleben kann. Es kommt nicht auf Entfaltung an, sondern auf Wiederholung. Wiederholung ist zuverlässiger als Entfaltung – wie das Auto zuverlässiger zu sein pflegt als sein Lenker. Es ist das Kasten-System, in dem der Ablauf des Menschenlebens noch am ehesten dem so oft beneideten, ruhigen Lauf der Sterne ähnelt.

Das System, das wir unter dem Namen Feudalismus kennen, sicherte die Reproduktion der bestehenden Struktur – weniger fein ausgedrückt: der bestehenden Macht-Verhältnisse – in einem viel geringeren Maße. Die Fächer waren nicht mehr ganz so zuverlässige Kerker. Und seit Metternich hat der europäische Feudalismus sich aufgegeben. Seit ihm bedeutet Sicherheit nur noch: Aufschub des Chaos. Auf einem Posten, den man selbst für verloren hielt, suchte man die Zukunft etwas hinauszuschieben. Das Bürgertum hatte es mehr mit Freiheit als mit Sicherheit – bis es diese Freiheit hatte. Dann wurde es auch konservativ, um Sicherheit besorgt. Der moderne Konservativismus ist nicht an ein System gebunden. Er hat keinen Inhalt, nur eine Funktion; er ist eine Bremse zur Verlangsamung der Auflösung aller ohnmächtig gewordenen Sicherheiten. Er ist bisweilen sogar »progressiv«, wenn es gilt, die Annahme der Sicherheit homöopathisch zu dosieren. Es gibt in der bürgerlichen Welt nicht mehr diese Scheidung zwischen Konservativen und Liberalen; es gibt nur noch törichtere und klügere Konservative. Die Klügsten wollen die Winde, soweit es geht, in Schläuchen verschlossen halten. Die Dümmeren glauben noch, daß man aus einer Vergangenheit eine Zukunft machen kann. Zu den Dümmsten gehören jene Intellektuellen, die alles, was mit Aufklärung und Protestantismus kam, rückgängig machen wollen – und vorschlagen, man solle bis zur Abirrung wieder zurückmarschieren, um dann einen besseren Weg einzuschlagen. Die sogenannten Konservativen waren bisweilen weit gescheiter als die sogenannten Liberalen – weil sie besser sahen, welch gründliche Auflösung bevorsteht, wenn man nicht mehr das Bestehende zum Maß der Dinge macht.

Hier trennen sich nun die, welche auf Sicherheit aus sind, entscheidend. Die einen – Republikaner und Demokraten, Konservative und Liberale, fortschrittliche Füllen und bedächtige Zögerer – wollen sichern, was ist – möglichst lange, möglichst in alle Ewigkeit. Zu ihnen rechne man ebenso sogenannte Isolationisten wie sogenannte Vorkämpfer der Kollektiven Sicherheit. Die Andern wollen sichern, möglichst lange, möglichst in alle Ewigkeit – was sie bisher nur in seltenen Augenblicken erfahren haben, und was zum Beispiel in den Utopien beschrieben worden ist. Die Utopie ist ein Niederschlag der Sehnsucht nach einer menschlicheren Gesellschaft. Die Utopie ist nicht nur in jenen Büchern da, die man unter diesem Namen begreift. Sie ist in Tolstois *Krieg und Frieden* ebenso wie in Platons *Republik*. Sie ist manchmal in großem Glanze da und manchmal in einem sehr nüchternen und viel zu engen Gewande wie in Spinozas *Plan für eine solche bürgerliche Gesellschaft, die möglichst vielen Menschen möglichst große Lebens-Sicherheit gewährt*. Und die Sehnsucht nach der Gesellschaft, die noch nicht existiert, ist immer so real gewesen wie der Hunger nach einer Speise, die man noch nicht am Gaumen hat.

Man beachte, wann die Entwürfe einer menschlicheren Gesellschaft entstanden sind: in Zeiten höchster gesellschaftlicher Unsicherheit. Als das Athenische Imperium zusammenbrach, schrieb Platon die *Republik*. Als das Römische Reich zusammenbrach, schrieb Augustin den *Gottes-Staat*. Als der Feudalismus unterging, schrieb Thomas Morus *Utopia*. Als die bürgerliche Welt sich zersetzte, entstand die »Klassenlose Gesellschaft«. Je größer die Unsicherheit war, umso stärker wurde der Wille zu einer ungewöhnlichen Sicherheit. Man wollte das Schwindel-Gefühl loswerden, das von dem Gesellschafts-Beben hervorgerufen wurde – und schon von Platon in einem berühmten Brief beschrieben worden ist.

Es haben an diesen Portraits einer Guten Gesellschaft viele Kräfte gearbeitet: auch Vor-Urteile der Zeit über die Grenze bis zu welcher der Mensch nur zu bringen ist, und auch Bastler-Triebe, die in irgendeiner technischen Phantasie sich ausleben. Aber ein einziges Motiv ist immer stärker gewesen als alle anderen: der Wille zur Gründung einer wahrhaft menschlichen Gesellschaft – und der Wille zu ihrer Stabilisierung. Was die Kasten-Gesellschaften für ein Bestehendes leisteten: das Stillestellen der Zeit – das wollen die Utopisten für ihre Sehnsucht: die Zeitlosigkeit der schönen Zukunft.

Wegen dieses Willens zur Geschichtslosigkeit ähneln die Utopien viel mehr den starrsten orientalischen Autokratien als den modernsten europäischen Demokratien. Auch die Utopien verneinen die Zeit. Die Zeit ist die Stätte der Veränderung – und Veränderung bringt Unsicherheit. Das Unvorhergesehene muß ausgeschaltet werden. Das Neue muß ausgeschaltet werden. Die Zukunft muß unter Kontrolle gebracht werden. Geschichte darf nicht sein.

Viele Utopien wollten beweisen, daß so etwas möglich ist; so zeigen sie, daß so etwas bereits existierte. Platon sah im Priester-Staat Ägypten, den er besuchte, solch ein Ewig. Das Christentum hat im Paradies, das der historischen Unruhe voranging, den Beweis für die Möglichkeit einer zeitlosen Existenz. Rousseau wußte von glücklichen Menschen am Anfang der Zeiten. Und der Marxismus beginnt seine Geschichts-Philosophie unmittelbar hinter dem glücklichen Ur-Kommunismus, der herabsank zur Dialektik des Unglücks. Solange es Geschichte gab, sagten sie alle, war nie Sicherheit. Aber Geschichte braucht nicht zu sein, zeigten sie alle.

Die Utopie ist aber etwas recht anderes als die Kasten-Gesellschaft, der sie so sehr ähnelt in dieser Feindschaft gegen Veränderungen. Die Utopie ist, in ihrem Prinzip, die radikalste Verneinung des Bestehenden; allerdings haben die Beschreiber der Guten Gesellschaft immer ein Stück ihrer vergänglichen Gegenwart in die Ewigkeit eingeschleppt. Vor die Sicherheit der Utopie ist die radikalste Revolution gesetzt. Sie wußten alle, daß diese utopische Sicherheit nicht auf einem gemütlichen Spaziergang zu erreichen ist – wie die kollektiven Sicherheitler unseres Tages sich das vorstellen. Weder Jesus noch Platon noch Marx waren Evolutionisten, die sagten: Man muß nur lange genug sich still verhalten – die Stille und die Länge der Zeit zeugen das Gute.

Platon, Jesus und Marx konstruierten die radikalste Negation aller uns bekannten Gesellschaft – eine Herrschaft, die nicht Unterdrückung ist: die Philosophien-Könige und den Sohn Gottes und die Priester und die idealistischen Proletarier. Sie alle kehrten die Erfahrung der Geschichte um: die Herrschenden müssen schlechter leben als die Beherrschten; das gilt, im Prinzip, ebenso für den Funktionär des bolschewistischen Staates wie für den christlichen Seelen-Hirt. Und diese Diktatoren, die nicht ausbeuten, und sich selber das Schwerste aufladen – wurden zu Garanten einer schöneren und einer dauerhaften, von der Zeit unabhängigen Welt bestellt. Die gesellschaftliche Sicherheit ist garantiert durch die Diktatur vereinzelter Engel, die bei Platon Philosophen und im Christentum Priester und bei Marx Proletarier und bei Nietzsche Freie Geister hießen. Es gibt keine Unsicherheit mehr, meinte man – wenn eine himmlische Elite die Massen in Käfige sperrt. Die Asketen regieren – und die Regierten leben besser als die Regenten: innerhalb eines Gefängnisses, das die Asketen bewachen. Das ist die Sicherheit, das ist der ewige Friede derer, die glauben, daß die Natur sich von Zeit zu Zeit irrt, und aus Versehen Engel produziert – und daß die Engel den Ewigen Frieden durch uninteressierte Vergewaltigung herstellen können. Das ist die ewige Sicherheit derer, die glauben, daß das Menschen-Geschlecht zwar zur Unsicherheit verurteilt ist – daß aber der Himmlische Richter doch etwas bemogelt werden kann mit Hilfe jenes rätselhaften Irrtums, der ihm mit der Schaffung dieser Platons und dieser Päpste und dieser Freien Geister unterlaufen ist; der Marxismus ist nicht ganz so radikal. Eine solche Sicherheit hat einen melancholischen Hintergrund: der ewige Unfrieden wird für ewige Zeit in enge Grenzen gesperrt.

Die Eliten haben ihre Geschichte. Die freien Bürger Athens, die eine Elite waren, die Ritter des Mittelalters und die Päpste und die erhabenen Mönche und die herrschenden Proletarier und die Freien Geister haben ihre Geschichte. Diese Geschichte hat das Wort Elite mit dem Wort »herrschende Clique« übersetzt. Und deshalb wird auch das Wort Utopie nur noch so weit ernst genommen, wie man eine ausgestorbene Tierart ernst nimmt: als Stück Nummer X im historischen Museum. Wer sich aber erlauben wollte, im Jahre 1943, utopisch zu denken – würde sofort vom Museums-Diener verhaftet werden: als ein Exemplar seiner Sammlung, das gewagt hat, ins Leben zu desertieren.

Ist die Vernunft also nicht fähig, jene gesellschaftliche Sicherheit herzustellen, um die alle Utopien sich bemühten? Man muß zunächst einmal eingestehen, daß die Vernunft eine Neigung entwickelt hat, sich zu übernehmen.

Die unverschämte Vernunft

Die Vernunft hat recht verschiedene Leistungen vollbracht. Sie feierte Triumphe, die niemand anzweifelt: im Einblick ins Gegebene und in der Verwertung dieser Einblicke zur Sicherung und zur Schöpfung von Dingen, die man sich wünschte. Sie feierte dann noch fragwürdige Triumphe.

Es geschah immer – und es geschieht noch jeden Tag, daß dieser Vernunft Aufgaben gestellt werden, die über ihre Kraft gehen: zum Beispiel die Aufgabe, das Leben nach dem Tode zu garantieren; oder die Aufgabe, das Leiden zu rechtfertigen; oder die Aufgabe, den Beginn von allem, was ist, zu finden. Und die Vernunft übernahm sich; sie leistete, was sie nicht leisten konnte. Sie löste und erlöste, sie spendete Gewißheiten und Sicherheiten – über ihre Kraft. Die Vernunft wurde zur unverschämten Vernunft. Schopenhauer nannte den Menschen ein »animal metaphysicum«. Das ist eine vortreffliche Benennung, wenn man sie so übersetzt: der Mensch ist ein Tier, das an metaphysischen Krücken geht. Sie sind übrigens von keinem anderen Werkzeug hergestellt worden als die realen Krücken, welche das Tier auch nicht hat: von der Vernunft.

Das Werkzeug, mit dem sich der Mensch gegen überschwengliche Wünsche und Fragen sichert: im Ritus, im Mythos, in der Religion, in der Philosophie – ist also dasselbe Werkzeug, mit dem er sich gegen erfüllbare Wünsche und lösbare Fragen sichert. Er sichert sich gegen die Gezeiten mit dem Deich, gegen die Tuberkulose mit dem Tuberkulin, gegen den Tod mit einem Jenseits-Glauben und gegen die Angst vor der nächsten Sekunde mit jener philosophischen Erfindung »Sein« – von dem Nietzsche sagte, daß es »die Erdichtung des am Werden Leidenden ist«. Es ist kein Zufall, daß dieser Platon, der so sehr an einer Unsicherheit litt, die ihm das sinnlose Auf und Ab des Geschehens gab – der Schöpfer des philosophischen Idealismus in der Abendländischen Welt gewesen ist. Keine Technik kann den wilden, unheimlichen Fluß Wirklichkeit zum Stillstand bringen. So schuf Platon den ewigen Begriff, eine zuverlässigere Wirklichkeit. Die Beruhigung eines ängstlichen Lebewesens ist der Zweck aller jener imposanten Gebilde, die wir Mythen nennen und Religionen und Philosophien.

Aber in ihnen zeigte sich nun die Vernunft nicht in demselben Sinn ihrer Aufgabe gewachsen wie im Deich und im Tuberkulin: sie erreichte, gewissermaßen, den Endpunkt nicht; so schwebt das Ganze in der Luft. Vor den Ungewißheiten, die nicht gewiß zu machen waren, und vor den Unsicherheiten, denen nicht beizukommen war, wandelte sich die aufklärende und hilfreiche Vernunft in die verdunkelnde und Hilfe vortäuschende. In der unverschämten Vernunft ist das Gelüst stärker als die Potenz. Die Potenz wird vorgetäuscht – indem die Befriedigung suggeriert wird. Lokomotiven werden überholt durch bessere Lokomotiven. Mythen, Religionen, Philosophien bilden keine Reihe der Vervollkommnung, weil sie immer gleich fern ihrem Ziel sind.

Man studiert diese unverschämte Vernunft am besten an den

Religions-Stiftern, an Theologen, an Philosophen. Der unproblematischste Aspekt, den sie darbieten, ist ihre Fähigkeit, den Mitmenschen etwas oder etwas mehr Sicherheit einzureden. Durch sie wurden Zweifelnde ihren Zweifel los und Angst-Erfüllte ihre Ängste. Was wir heute als Geschichte der Religionen und Philosophien für ein paar Cent kaufen können, ist in vergangenen Tagen eine Kette sehr erfolgreicher Beschwörungen gewesen. Der Gebildete dieser Tage liest die Vor-Sokratiker und die Evangelien und Thomas von Aquino, erbaut sich an weihevollen Stellen, notiert sich reizvoll geschliffene Aphorismen in sein Notizbuch, klärt verworrene Vorstellungen mit Hilfe ihrer scharfsinnigen Distinktionen – und findet sein bißchen Sicherheit bei der Christian Science und den Sterndeutern des Tages. Aber einmal konnten Menschen nicht atmen ohne jene Figuren, die heute Bildungsgut sind.

Sie sind die lehrreichsten Abbilder der unverschämten Vernunft, die heute an Kraft verloren hat – und nur noch kraftlosere Repräsentanten hat. Jene Mohammeds und Spinozas aber sind überlebensgroße Portraits des Menschen: weil sie sich besonders unsicher fühlten – und deshalb besonders gewalttätig waren in der Sicherung. Sie brachten die bodenlose Existenz des Menschen ans Licht – und zugleich die Unerträglichkeit, so zu existieren; diese Unerträglichkeit zwang sie, einen Boden herbeizuzaubern.

Die Ängste und die Zweifel sind immer dieselben gewesen, sie haben keine Geschichte; die Geborgenheiten und die Antworten wechselten, sie haben eine Geschichte. Das Gefühl des Schwindels ist ewig. Der Bau von Geländern war ewig – immer nur für eine kurze Zeit; die Lösungen und Erlösungen wurden stets geformt aus dem Stoff einer vergänglichen Epoche. Religions-Stifter, Theologen und Philosophen sind der schreiende Mund der Menschheit gewesen – und außerdem noch der Maulkorb, der den Mund verschloß und ihm suggerierte, daß kein Grund zum Schreien vorliegt.

In manchen Erlösern dominierte der Schrei und in manchen der kunstvoll verfertigte Maulkorb, das Produkt der unverschämten Vernunft. An der Spitze derer, die sich nicht zu ihr verführen ließen, steht Lao-tse mit den ersten Zeilen des Tao-te-king: »Der Sinn, den man ersinnen kann, ist nicht der ewige Sinn.« Er sagte: Wissen, daß man nichts weiß, ist das Höchste. Und viele sagten es später. In einer Zeit, in der die unverschämte Vernunft im Gewande der Naturwissenschaft auftrat, machte sich zum Beispiel Pascal die folgende Notiz: »Ich will gegen Jene schreiben, die sich zu sehr mit der Naturwissenschaft einlassen, zum Beispiel Descartes.«

Pascal ist ein mächtiges Beispiel. Er gehörte zu jenen, die stärker den Zustand der Angst und des Zweifels erlebten – obwohl er den Schöpfer des Wunders Welt leidenschaftlich suchte. Aber er fand nicht einmal in der Religion Sicherheit. Und er schrieb diese klassischen Sätze: »So sieht unser Dasein aus, deshalb können wir weder Gewißheiten haben noch blind dahinleben: wir segeln in einem weiten Reich umher, ohne die geringste Orientierung. Es gibt nichts, was für uns feststeht. Das sind unsere Bedingungen, die wir gar nicht lieben. Wir brennen danach, sicheren Boden zu finden – einen Grund, auf dem wir den Turm bauen können, der aus dem Endlichen herausführt. Aber unsere Fundamente halten nicht. Der Abgrund öffnet sich. Geben wir es auf, Gewißheit und Sicherheit zu suchen.«

Auch Pascal suchte Gewißheit und Sicherheit. Und es sieht so aus, als ob die unverschämte Vernunft umso gewalttätiger sicherte, je mehr die Pascals ihre Hoffnungslosigkeit ausschrien. Auf die Sophisten folgte Platon, auf Pascal Spinoza, auf Kant Hegel... Wie weit aber konnten diese mächtigen Maulkorb-Verfertiger wirklich den schreienden Mund schließen? Wie weit fühlten sie sich selber sicher hinter ihrem glänzenden Schloß und Riegel? Fand Jesus so viel Geborgenheit hinter seinem Vater – wie mancher Christ nach ihm, auf sein Zeugnis hin? Fand Hegel so viel Gewißheit und Sicherheit in seiner Welt-Vernunft – wie mancher Hegelianer nach ihm, auf seinen logischen Scharfsinn hin?

Die Vernunft spielt nun bei diesem ganzen Geschäft eine Doppel-Rolle. Ein Aberglaube, ein Glaube, ein philosophisches

System haben ihre Vernunft in dem, was sie leisten: also darin, daß sie Ängste besiegen – durch eine Vorstellung vom Dasein, das diese Ängste ausschließt. Aber nun kommt noch eine zweite Vernunft ins Spiel. Diese Sicherheit durch einen Aberglauben oder einen Glauben oder eine Idee trägt einen schwächeren oder einen stärkeren Vernunft-Panzer – je nachdem, ob die Zeitgenossen Verlangen danach tragen, durch den Anerkennungs-Zwang eines Beweises gesichert zu werden oder nicht. Solch ein Zwang kann durch die verschiedenartigsten Operationen ausgeübt werden. Den Einen zwingt die Deduktion, den Andern eine glänzende Parade symmetrisch aufgestellter Begriffe, einen Dritten Häufungen von Beispielen aus der großen Material-Kammer und gegenwärtiger Wirklichkeiten, die alles illustrieren können, was immer ein Beweiser beweisen will.

Alle Angst-Verscheucher sind Erlöser. Erlöser, die nur auf dem Wege des Anerkennungs-Zwangs durch Beweise erlösen, sind wissenschaftliche Erlöser. Aber auch die wissenschaftlichen Erlöser haben keine andere Funktion als andere Angst-Verscheucher. Es ist kein so großer Unterschied zwischen dem ältesten Zauberer – und dem großen wissenschaftlichen Erlöser, der sagt: »Der einzige Gedanke, den die Philosophie mitbringt, ist, daß die Vernunft die Welt beherrsche, daß es also auch in der Weltgeschichte vernünftig zugegangen sei.« Nie ist ein phantastischerer Gott ausgedacht worden als der Hegelsche. Die Dreieinigkeit stellt viel geringere Ansprüche an die Ausschweifung der menschlichen Phantasie.

Um wissenschaftlich erlösen zu können, brauchte man einen Gott, der so gebaut ist, daß die Wissenschaft an ihn herankam. Im wissenschaftlichen Erlöser schuf der seiner Vernunft bewußte Mensch Gott nach seinem Bilde. Und dieser Gott zeichnete sich vor allem dadurch aus, daß er mit dem selben Werkzeug arbeitet wie der Mensch. Also wurde der Gott vernünftig. Der vernünftige Mensch ließ sich nur von einem vernünftigen Gott erlösen. Und Schiller lehnte das griechische Drama ab, »weil in allen diesen Stücken zuletzt an die Notwendigkeit appelliert wird, und für unsre Vernunft fordernde Vernunft immer ein unaufgelöster

Knoten zurückbleibt«. Ebenso sah Hegel die wichtigste Aufgabe der Tragödie (und seiner Philosophie) darin: daß »am Ende die Notwendigkeit dessen, was dem Individuum geschieht, als absolute Vernünftigkeit erscheinen kann und das Gemüt wahrhaft sittlich beruhigt ist.« Diese wissenschaftliche Beruhigung war nötig für Menschen, die nur dadurch zu beruhigen waren – aber dadurch auch beruhigt wurden, daß man ihnen bewies: ihr Leiden ist das Mittel zu einem Zweck, also vernünftig; Gott arbeitet mit den Leiden der Menschen, wie der Mensch arbeitet mit dem Hammer oder mit dem Zugtier oder mit einem dienenden Mitmenschen. Je mehr Gebrauch der Mensch von seiner Vernunft machte, umso mehr wurde Gott Vernunft – und umso mehr wurde der Weg der Wissenschaft der Weg zur Erlösung.

Von der griechischen Antike und den Kirchen-Vätern bis hin zu Marx herrschte im Abendland diese Personal-Union von Erlösern und Wissenschaftlern. Und oft genug verliebten sich Theologen und Philosophen in ihr Werkzeug – und empfingen von ihrem eigenen dicht gewobenen Begriffs-Netz einen Schutz, den sie dann ihrer Gemeinde vermitteln konnten. Es ist nicht so selten, daß einer sich in sein Werkzeug verliebt. Der Tischler wächst zusammen mit seinem Hobel, der Schiffer mit seinem Kahn, der Geiger mit seiner Violine und der Philosoph mit seiner Methode, zu beweisen. Die Pracht dieser Ableitungen, dieser Paraden ästhetisch geordneter Begriffe, dieser Induktionen ließ sie ihre Angst vergessen. Die Vernunft ist das Opium für die Vernünftler; und die weniger Philosophischen waren erst recht ohnmächtig vor ihr. Wieviel Zweifelnde beugten sich nicht vor jenem majestätisch-würdevollen, ehernen Schritt von Grundsatz zu Grundsatz, mit dem Spinoza vorwärts ging; und vor jenem dialektischen Automaten, in welchen man einen Zweifel hineinwarf – und eine Notwendigkeit kam heraus. Die Methoden der Philosophen sind das Jiu-Jitsu gewesen, mit dem die zu Zweifeln rationalisierten Ängste niedergeboxt wurden. Nichts in der Welt hat eine solche Kraft gehabt, Menschen dumm zu machen – wie diese zuschnappenden Prämissen. Der Schluß ist ein Vorhänge-Schloß. Dahinter liegen auch alle, die eine eingeschmuggelte

Prämisse übersahen. Sie ist in der Regel jener Obersatz gewesen, dem die Erlösung zu verdanken war.

Dieser mächtige Vernunft-Panzer, der Theologien und Philosophien auszeichnet, hat oft zu der Vorstellung verführt: es handele sich hier um Neugierden von Intellektuellen, die ganz innerhalb eines intellektuellen Bezirkes liegen. Viele Philosophen haben diese Vorstellung unterstützt. So sagte Aristoteles, es sei das Staunen, welches den Philosophen mache. Seit Descartes rechnet man den Zweifel zum primären Merkmal philosophischer Naturen. Aber Staunen und Zweifel sind erst abgeleitet. Sie treten erst auf, wenn ein nicht zu heilender Bruch zwischen einem unabweisbaren Wunsch und seiner Erfüllung da ist. Es ist die Unsicherheit, welche die unerträglichen Fragen schafft. Hinter Staunen und Zweifel ist etwas, was nicht Wiß-Begier ist, sondern Begierde nach Sicherheit. Schopenhauer meinte: »Wenn unser Leben endlos und schmerzlos wäre, würde es vielleicht doch keinem einfallen zu fragen, warum die Welt da sei und gerade diese Beschaffenheit habe.« Philosophen sind Drachen-Töter, nicht Rätsel-Rater. Sie sicherten sich und ihre Mitmenschen: indem sie den Schmerz und den Tod und viele andere Unsicherheiten, die auf andere Weise nicht zu besiegen waren, aus der Welt heraus manövrierten – indem sie jene Vernunft imitierten, die auch wirklich sicherte. Es gibt kein philosophisches Axiom, das nicht eine tiefe Wunde zudeckt. Das Staunen, das Zweifeln, die Neugierde hingegen sind mehr Berufs-Eigentümlichkeiten einer bestimmten Branche von Erlösern.

Diese Branche, die Innung der Wissenschaftlichen, spielte eine umso größere Rolle, je stärker die Wissenschaft geworden war und je mehr sie dem Glauben gefährlich werden konnte – falls er sie nicht unschädlich machte, indem er sie als Diener anstellte. Die mittelalterlichen Scholastiker machten von der Vernunft einen so ausgiebigen Gebrauch, daß sich die raffiniertesten Vernünftler der letzten Jahrhunderte kaum mit ihnen messen können – an kunstvoller Behandlung ihres Instruments.

Aber die Unverschämte Vernunft der Theologen war nie ganz so unverschämt wie die unverschämte Vernunft der Philosophen. Die Theologen vergaßen nie, daß die Vernunft, die ihren Gott beweist – oder seine Dreieinigkeit, eine Magd ist; dies Wissen hatten sie den meisten Philosophen voraus. Die Theologie hat in diesem Wissen um die Magd Vernunft längst vorweggenommen, was Marx und alle, die von ihm lernten, später »Ideologie« nannten. Ob man aber die Vernunft eine Magd nennt oder eine Hure – hängt lediglich davon ab, wie man zu ihrem Herrn steht.

Man hat sich die Einsicht in die Magd-Rolle der Vernunft lange versperrt durch die unglückliche Entgegensetzung der Aufklärung von Vernunft und Glauben. Es macht aber gar keinen Unterschied, ob man mit einem schlichten Glauben Berge versetzt oder mit einem von der Logik gepanzerten. Man hat sich angewöhnt: Mythos und Vernunft, Dogma und Vernunft, Autorität und Vernunft einander entgegenzusetzen – als das unwahre Feste und die Säule, die es ersetzt. Man übersah, daß die Vernunft inzwischen Mythos, Dogma und Autorität geworden war. Das Achtzehnte Jahrhundert war – abgesehen davon, daß es ein Jahrhundert der Zersetzung war – auch noch ein Jahrhundert frommen Kinderglaubens, der sich mitten in dieser zersetzenden Vernunft selbst einnistete.

Vernunft und Glauben ist, in dieser allgemeinen Form, kein Gegensatz. Jeder Glaube hat eine Vernunft; es gibt keinen Aberglauben, der nicht einmal vernünftig gewesen ist. Sehr viele Glauben haben sich logisch gepanzert. Und einige wenige Glauben haben den Versuch gemacht, sich und die Vernunft identisch zu setzen. Von der Vernunft zersetzt ist immer nur der abgelebte Glaube, der nichts mehr leistet, in dem keine Vernunft mehr ist – sagen wir heute: die Vorstellung von einem uralten Herrn, der über das Betragen jeder Kreatur Listen führt, der schützt und blitzt. Nicht abgelebt, nicht von der Vernunft zersetzt ist heute zum Beispiel ein anderer Glaube, der nicht weniger eines Tages ein Aberglaube sein wird: daß, wer mehr leistet, mehr belohnt zu werden – »verdient«.

Der Magd-Charakter jeder Logik ist verwischt in der Philosophie, ist deutlicher in der Theologie – und kann am besten studiert werden bei manchen Irren; bei jenen, bei denen alles vernünftig ist – bis auf die tragende Idee. Auch sie hat übrigens eine Vernunft, die nur meist sehr schwer zu finden ist. Aber beachten wir die Parallele. Wenn Gott ist, so ist er (außer Zweifel) allgegenwärtig. Wenn ich Napoleon bin, so ist es ebenso außer Zweifel, daß ich die Schlacht bei Austerlitz gewonnen habe. Beide Beweise haben den gleichen Wert. Und beide Axiome haben ihre Vernunft in dem, was sie für den Gläubigen leisten.

Man hat oft erwähnt, daß China und Indien, die bereits erlösten, als Europa noch nicht begonnen hatte – in der Errichtung von Begriffs-Systemen weit hinter dem Abendland zurückblieben. Sie konnten in dieser Beziehung ebenso wenig konkurrieren wie in Wissenschaft und Technik. Die Maschinen und die philosophischen Systeme fehlten dem Orient – das hängt eng miteinander zusammen; das Instrument Vernunft ist dort nicht recht ausgebildet worden.

Überall, wo Wissenschaft und Technik unentwickelt sind, fehlt es auch an wissenschaftlichen Erlösern. In einer *Geschichte Grönlands*, die im Achtzehnten Jahrhundert verfaßt worden ist, fand der deutsche Dichter Herder folgendes Gespräch zwischen einem Besucher des Landes und einem eingeborenen Eskimo. Der Besucher fragte: »Wer hat wohl Himmel und Erde und alles, was Ihr seht, geschaffen?« Der Eskimo antwortete:

»Das wissen wir nicht. Den Mann kennen wir nicht. Es muß ein sehr mächtiger Mann sein. Oder es ist wohl immer so gewesen und wird so bleiben.«

Die Eskimos besaßen noch keine Maschinen – und noch kein Natürliches Licht, um diesen mächtigen Mann zu sehen. Wir aber nähern uns wieder dem »das wissen wir nicht« der Eskimos. Das wird in vielem sichtbar – und besonders in dieser jüngsten und nicht so ganz jungen Vernunft-Feindschaft.

Die Feindschaft gegen die Vernunft

Die Feindschaft gegen die Vernunft und gegen die Träger der Vernunft – die Gelehrten, die Intellektuellen – ist sehr alt. Sie ist ebenso alt wie der Enthusiasmus für die Vernunft.

Dieser Enthusiasmus war in Asien nicht geringer als in Europa – auch wenn er dort nicht so mächtige Folgen hatte. Konfuzius sagte, ein Jahrhundert vor Sokrates: »Es ist nicht leicht, einen guten Mann zu finden, der drei Jahre gelernt hat – und nicht ein guter Mann geworden ist. Du mußt, willst Du gut sein, ehrlich sein in Deinen Gedanken. Du mußt, willst Du ehrlich sein in Deinen Gedanken, viele Kenntnisse erwerben.« – Es ist bekannt, welche Rolle die Inhaber von Kenntnissen in der chinesischen Gesellschaft spielten. Es ist vielleicht weniger bekannt, was gegen die Inhaber von Kenntnissen, ja: gegen die Vernunft selbst in China gesagt worden ist. Ein Ausspruch Laotses lautet: »Gelehrte sind nie Weise.« Aus dem Dritten Jahrhundert vor Christi stammt der Satz: »Als die Weisen in die Welt kamen, kamen auch die Gangster.« Und in einem Brief des chinesischen Poeten Cheng Panch'iae, der im Achtzehnten Jahrhundert lebte, heißt es – ganz unchinesisch, wenigstens nach unserer Vorstellung vom Rang des Mandarin: »Man soll die Gelehrten für die niedrigsten der vier Klassen halten.« Wer aber solche Äußerungen abzuschwächen suchte, etwa mit der Auslegung: es sei hier immer nur der entartete Gelehrte gemeint – der sollte nachdenken über den unzweideutigen Satz des Philosophen Chuang-tse: »Es ist oft Chaos in der Welt – und immer ist die Liebe zum Wissen der Ursprung des Unheils.« Zeitgenossen, die meinen, daß die Vernunft-Feindschaft mit den National-Sozialisten in die Welt gekommen ist, werden erstaunt sein über diese Sätze aus einem Land, von dem die meisten Europäer und Amerikaner nicht viel mehr wissen, als daß es dem Kult der Vernunft sich gewidmet hatte wie kein anderes Land.

Die Feindschaft gegen die Vernunft ist ein Bündel aus vielen Feindschaften. Wir sondern aus diesem Bündel nur die zwei entscheidenden heraus.

Die eine geht gegen jene Vernunft, die wir Aufklärung nennen. Kant sah den Kern der Aufklärung in der »Maxime, jederzeit selbst zu denken«. Die aufklärende Vernunft fragt: Warum? Sie erkennt Gegebenes nicht ohne weiteres an. Sie gefährdet so alles Bestehende – im Prinzip. Warum – obwohl man gelernt hat, rasende Flüsse in Zwangsjacken zu stecken – warum steht die schöne provenzalische Stadt Avignon fast jedes Jahr von Neuem unter dem Wasser der Rhône? Warum – obwohl die Geschichte der Medizin ein Gaurisankar an Vernunft ist – mußten im Jahre 1918 vierzehn Millionen Inder an Influenza sterben? Die Vernunft ist ein Dynamit; es sprengt eine Tatsache und bringt die Ursache ans Licht. Das Warum führt zum Darum; und das Wissen um das Darum kann Konsequenzen haben für das Bestehende. Man klagt bisweilen: es gäbe keine Überschwemmungen und Seuchen, wenn die Menschen nicht so dumm wären. Man sollte lieber sagen: wenn sie nicht so klug wären, Mitmenschen in der Dummheit zu halten. Das dunkle Mittelalter war zum Teil eine Schöpfung sehr heller Geister. Die Dummheit ist ein Produkt sehr vernünftiger Wesen. Die Vernunft-Feindschaft gehört zum Arsenal der Vernünftigen.

Die aufklärende Vernunft wird angefeindet von denen, welchen sie gefährlich zu werden droht – und nur, soweit sie ihnen gefährlich zu werden droht. Deshalb sieht diese Feindschaft oft recht widerspruchsvoll aus. Richard Wagner ritt, in der zweiten Hälfte des Neunzehnten Jahrhunderts, die heftigsten Attacken gegen das Zeitalter der Maschinen, das damals in Deutschland heraufkam. Und dann konnte er sich nicht genugtun, diese Maschinen als Theater-Maschinen in den Dienst seiner Opern zu stellen, welche die Maschinen-Welt schmähten.

Jede Ordnung hat ihre spezifische Vernunft-Feindschaft – das heißt eine Grenze, jenseits welcher die Vernunft zugelassen ist. Die National-Sozialisten waren zum Beispiel weit davon entfernt, aus Haß gegen die Vernunft auf Mathematik und Physik und Psychologie zu verzichten; sie stellten hingegen ein Maximum dieser Vernunft in den Dienst des kommenden Krieges. Und so war es mit jedem Gesellschafts-System. Es gibt eine spezifische Vernunft-Feindschaft des Feudalismus, eine spezifische Vernunft-Feindschaft des Bürgertums und eine spezifische Vernunft-Feindschaft des Sozialismus. Jede Vernunft-Feindschaft, die von einer Ordnung hervorgebracht wird, hat ihren Quell in der Angst der an dieser Ordnung Interessierten: daß das geistige Fortifikations-System, von dem sie geschützt wird, von der aufklärenden Vernunft in die Luft gesprengt werden könnte.

Vernunft-Feindschaft – wenn die Feindschaft gegen die aufklärende Vernunft geht, ist ein Instrument der Beherrschung. Die Herrschenden selbst sind allerdings in der Regel über dieser Feindschaft. Sie machen die Vernunft nur schlecht, damit die Beherrschten nicht auf die Idee kommen, mit Warums das Gefüge zu zerstören. Das Wort »die Herrschenden« ist allerdings ein zu simpler Ausdruck für die Zustände in den letzten Jahrhunderten. Man kann jede herrschende Schicht differenzieren nach dem Grade ihrer Vernunft-Feindschaft: zum Beispiel, wie weit sie zynisch, nur Propaganda macht gegen jede Vernunft, die ihre Herrschaft untergraben würde – und wie weit sie selbst ihrer Propaganda unterliegt. Eine ausgezeichnete Illustration für diese Differenzierung bietet die Führer-Schicht der National-Sozialisten. An der Spitze stehen die Auguren, die einander zuzwinkern: die, welche sich selbst keine Vernunft verbieten; die harten Mittel-zum-Ziel-Denker, die keine Angst haben, irgendeiner Vernunft ins Auge zu sehen. Hitler gehört wohl nur zum Teil zu ihnen – und das bestimmte seine besondere Funktion. Er war der Mittler zwischen den vernünftigen Auguren und dem aufregbaren Volk; er konnte es sein, weil er selbst ein Zwitter ist aus einem Auguren und einem Dorf-Trottel, ein verrückter Idealist. Seine Verrücktheit ist nicht so groß, daß sie ihn nicht in die Richtung des nüchternsten Kalküls triebe; und doch wiederum groß genug, um der harten Nazi-Vernunft jenen Schimmer zu verleihen, der allein einen Raubzug in einen Kreuzzug verwandelt. Er ist ein nüchterner Zungen-Redner, eine

Mischung aus Vernunft und heiligen Affekten. Die heiligen Affekte kommen wahrscheinlich auch daher, daß er sich selbst infiziert hat mit einer Feindschaft, die eigentlich nur fürs Volk bestimmt ist.

Die sehr vernünftige Vernunft-Feindschaft gefährdeter Herren hätte nun aber nie Wurzel schlagen können, wenn der Boden nicht immer vorbereitet gewesen wäre. Die Propaganda gegen die aufklärende Vernunft, die von oben kommt, findet immer Antipathie gegen die Vernunft vor, die von unten kommt. Und das hat sehr viele Gründe. Die Unlust, die das Denken zu begleiten pflegt, ist von derselben Art, wie die Unlust, die ursprünglich das Gehen oder das Schreiben oder das Klavier-Spielen zu begleiten pflegt. Das Gehen wird in frühen Jahren zwangsweise eingeübt, bis es nicht mehr schmerzt. Das Denken wird nie so hart trainiert; Lernen ist meist das Gegenteil von Denken-lernen. Die Erziehung geht mehr auf das Einrammen von angeblich Fraglosem als auf das In-Frage-stellen. Die Unoriginalität des Einzelnen ist nicht eine Gabe der Natur. Schopenhauer hatte schon recht, daß der Mensch, den er fand, Fabrik-Ware ist. Aber nicht die Natur pflegt Fabrik-Ware herzustellen; dieser Ruhm bleibt der menschlichen Gesellschaft. Der Mensch hat es nicht nötig, die Vernunft zu entwickeln. Ja, er hat gar keine Gelegenheit, die Vernunft zu entwickeln. Ja noch mehr, es ist lebensgefährlich, die Vernunft zu entwickeln. Ist es ein Wunder, daß er dankbar ist für jede Philosophie, die vom Denken dispensiert?

Es kommt viel hinzu. Es kommt unter anderm hinzu, daß die Vernunft sich großartig zum Sündenbock eignet. Da jede Zivilisation mit Hilfe von Vernunft errichtet ist – und unsere mehr als jede frühere, so läßt sich fast an jedem Detail, mit dem man unzufrieden ist, nachweisen: die Vernunft ist schuld. Nehmen wir an: einer lebte, vor der Erfindung der Brille, davon, daß er Kurzsichtige über die Straße führte. Nach der Erfindung der Brille verlor er seine Einnahme-Quelle. Die Brille ist ein Produkt der Vernunft. Er ist ein Opfer des Sieges-Zugs der Vernunft. Alle, die von den schlechten Augen ihrer Mitmenschen lebten, sind prädestiniert als Anhänger der Philosophie: der Sieges-Zug der Vernunft hinterläßt ein Leichen-Feld. Wer irgendetwas der Vernunft vorzuwerfen hat: zum Beispiel, daß er nicht mehr an Feen glaubt oder an einen gerechten Gott im Himmel – wird ihr Feind. So findet die Vernunft-Feindschaft der Herrschenden – von Philosophen in makellose Argumente übertragen – immer eine ungeheure Bereitschaft zur Vernunft-Feindschaft bei den Beherrschten. Gott wird schon wissen, weshalb er die Menschen teils kurzsichtig, teils weitsichtig geschaffen hat: sagen die theologischen Propagandisten unter dem Beifall der propagierten Blinden-Führer außer Betrieb.

Was man alles gegen die Vernunft sagen kann, ist bci den betreffenden Philosophen nachzulesen.

Leichtsinnige Aufklärer – bürgerliche wie sozialistische – sind geneigt, in der Vernunft-Feindschaft nichts zu sehen als diesen Willen zum Ausdrehen des Lichts – praktiziert von Tyrannen und Medizinmännern, die gern im Trüben fischen. Aber das ist nur die halbe Wahrheit; und es ist die andere Hälfte, welche diese Feindschaft so zweideutig macht. Die Feindschaft gegen die Vernunft hat noch eine andere Wurzel als die Angst vor Umsturz oben und die Denkfaulheit unten: weil nicht jede Vernunft – Aufklärung ist.

Die Vernunft hat nicht nur die Funktion, Gegebenes zu prüfen, sondern auch die andere Funktion, Gegebenes zu rechtfertigen und einzubalsamieren. Die Vernunft stellt die Frage, macht unsicher – und die Vernunft antwortet, sichert, stabilisiert. Die Vernunft löst auf – und die Vernunft schließt und hält verschlossen. Die großen Irrtümer und Lügen der Theologie und der Philosophie sind auch deshalb so haltbar gewesen, weil ihre Schöpfer die Techniken, eine Evidenz zu erzwingen, so meisterhaft gehandhabt haben.

Diese konservierende Rolle der Vernunft, der Freiheit, des »eigenen« Denkens wird selten beachtet. Auch Diktatoren legen Wert auf den Gesunden Menschenverstand – wenn sie ihn auch anders nennen. Auch Diktatoren legen Wert darauf, daß der

Einzelne glaubt, nach seinem Gesunden Menschenverstand zu handeln – wenn er die Befehle seiner Herren ausführt; sonst hätten sie nicht so viel Propaganda gemacht. Man hat sich an die primitive Entgegensetzung von Handeln nach dem Gesunden Menschenverstand und blindem Handeln nach einem Befehl gewöhnt; aber mit diesem blinden Handeln nach einem Befehl können auch Diktatoren nicht regieren. Und dafür gibt es ein ungewöhnlich großes, ungewöhnlich lehrreiches Beispiel.

Der größte und klügste Diktator des Abendlandes, Ignatius von Loyola, der Gründer des Ordens der Jesuiten, ist nicht ausgekommen ohne das, was man nicht anders als Vernunft, Freiheit, Gesunden Menschenverstand nennen kann. Er hat zwar einen Gehorsam verlangt und durchgesetzt wie kaum ein anderer Diktator vor ihm oder nach ihm. Er schrieb an seine Leute im portugiesischen Coimbra: »Wir können uns schon gefallen lassen, daß andere Orden es uns im Fasten, Nachtwachen und anderen Strengheiten zuvor tun; doch im reinen und vollkommenen Gehorsam, welcher wahrhaften Verzicht auf unseren eigenen Willen und Verleugnung unseres eigenen Urteils einschließt – darin, teuerste Brüder, wünsche ich dringend, diejenigen ausgezeichnet zu wissen, die sich in dieser Gesellschaft Gott, dem Herrn, geweiht haben.« Der, welcher den Befehl eines Oberen empfängt, darf, als vernähme er die Stimme des Herrn im Himmel, nicht einmal mehr den Buchstaben zuende schreiben, wenn er die Feder in der Hand hält; er darf nicht einmal mehr die Messe zu Ende lesen, wenn sein General ihn ruft ... »Als ob sie ein Leichnam wären, der sich auf jede Seite wenden läßt«, oder »der Stab eines Greises, der dem, welcher ihn in der Hand hält, überall und immer dient, wie und wo er ihn gebrauchen will«, oder »ein Wachskügelchen, das sich in jede Form drücken und ziehen läßt«, oder »ein kleines Kruzifix, das man nach Belieben drehen und wenden kann« – so gefügig hatten die Untergebenen zu sein. Es gab vielleicht in der Geschichte der Menschheit keinen stärkeren Ausdruck von Diktatur. Und trotzdem wollte dieser Gestrengste außerdem noch – was wir heute Freiheit und Gesunden Menschenverstand zu nennen lieben.

Er verlangte von seinen Leuten: daß sie in *Freiheit* wollen – was ihnen befohlen wird. Erzwungener Gehorsam macht unfreudig und stumpf. Sperrt nicht diesen Separatteufel ein, der jeden von Euch reitet! Bringt ihn nicht um! Das ist zu billig. Man muß mit seiner ganzen, ungefesselten Energie wollen – was der Obere will. Und man hat nicht nur mit dem Willen des Vorgesetzten – selbständig zu wollen; man hat auch mit dem Verstand des Vorgesetzten – selbständig zu denken. Ordensbrüder haben gewiß darin Übung, sich dem Urteil ihrer Oberen zu fügen, nur innerhalb eingehegter Bezirke zu grübeln. Doch das war nicht das erzieherische Ziel des Diktators in Rom. Er wollte keine Papageien; er wollte auch keine Heuchler. Er war keiner von jenen kurzsichtigen Tyrannen, die mit Maulkorb und Leine auf gezähmte Tiere aus sind. Er erlaubte nicht, daß die Gesellschaft Jesu Handschellen und Gefängnis einführte; Leute, die man in Ketten schließen muß, schloß er lieber aus. Fragten ihn Besucher des Römischen Hauses nach dem Karzer, so wies er – auf die Haustür. Denn Sklaven brechen eines Tages ihre Fesseln. Getäuschte sind eines Tages enttäuscht. Deshalb verlangte er von seinen Leuten, daß sie in voller Freiheit, mit aller ihrer Vernunft, mit ihrem Gesunden Menschenverstand ihrem General hülfen – zu herrschen. Er wollte nicht das Opfer des Willens und nicht das Opfer der Vernunft; er hatte nicht die enge Selbstsucht des Militärs, dem es genügt, daß Wille und Verstand des Untergebenen den Körper-Automaten nicht stören. Er war anspruchsvoller als alle Tyrannen der Weltgeschichte: er wollte den freien, aufrechten, klugen, aktiven – Jasager. Er wollte den Gesunden Menschenverstand – der konform geht mit seinem Herrn. Man muß Ignatius von Loyola studieren; denn er zeigte, was man selten sehen kann: wie Gesunder Menschenverstand fabriziert wird. Man kann diese erhaltende, jede Aufklärung absperrende Vernunft kaum irgendwo besser am Werke sehen als in diesem größten Diktator der Seelen.

Und da es also auch eine solche gehorchende, im Gehorsam spontane Vernunft gibt – wird die Vernunft nicht nur von jenen befeindet, die sich zu fürchten haben – sondern auch von denen, die, furchtlos, auch von Beweisen sich nicht einschüchtern lassen, weil sie wissen: dieser Ozean von Beweisen enthält mehr Scharfsinn als Wahrheit. Es gibt viel mehr Kopf-Künstler als Entdecker von Wahrheiten; und diese Kopf-Künstlerschaft kann Irrtümern und Lügen eine Dauer geben – wie nichts neben ihr. Es ist die Irrtümer und Lüge schützende Funktion der Vernunft, die in dieser Vernunft-Feindschaft angefeindet wird. – Vernunft kann also zweierlei sein – und das eine ist der Gegensatz des andern: sowohl die Reaktion der Dunkelmänner gegen die Belichtung ihres Treibens, sowohl die faule Trübheit derer, die im Dunkel gehalten werden – als auch die Attacke auf eine (von einer Vernunft wie von einer Festung umgürteten) Wirklichkeit. Und es sieht allerdings für die Ahnungslosen aus, als würde die Vernunft angegriffen – und nicht die unvernünftige Wirklichkeit.

Und da so die Vernunft-Feindschaft doppelsinnig ist, kann es geschehen: daß die zukünftigsten Denker zitiert werden von den vergangensten Dunkelmännern. Das ist zum Beispiel der Fall Nietzsche. Er war ein großer Aufrührer – nicht gegen die Vernunft (wie es gewöhnlich heißt), sondern gegen jene bürgerliche Vernunft, welche die Wahrheit der bürgerlichen Theorie vom Menschen und die Güte der bürgerlichen Wirklichkeit unangreifbar zu machen sucht. Nietzsches Vernunft-Feindschaft, auch wenn sie sich bisweilen auch geradezu feudalistisch kostümierte, war nicht eine Feindschaft gegen Aufklärung – sondern eine Feindschaft gegen die intellektuellen Fortifikations-Werke der bürgerlichen Gesellschaft, die sich mit Hilfe des Werkzeugs Vernunft sehr fest etabliert hatte. Und ihr Haupt-Fort hieß und heißt: der Gesunde Menschenverstand.

Der Gesunde Menschenverstand ist das ungesunde Dogma der bürgerlichen Vernunft. Jeder Geschäftemacher bildet sich ein, daß er einen Gesunden Menschenverstand hat, weil er nicht wie Franz von Assisi lebt. Jeder Harvard-Student, der sich über den englischen Dichter Oscar Wilde lustig machte, bildete sich ein: er habe einen gesünderen Menschenverstand, weil er seine

Haare kürzer trage. Die Feindschaft gegen die Vernunft ist bei den fortgeschrittensten Denkern die Feindschaft gegen diesen Gesunden Menschenverstand.

Dieser Gesunde Menschenverstand ist heute – was er auch schon war, als man sich seiner noch nicht so rühmte, und was er auch ist, wo man sich über ihn lustig macht: Erziehung und Propaganda. Jenen Generationen, denen (irrtümlich oder lügenhaft) beigebracht wurde, daß sich die Sonne um die Erde drehe, sagte der Gesunde Menschenverstand: daß sich die Sonne um die Erde dreht. Jenen Deutschen, denen (irrtümlich oder lügenhaft) beigebracht wurde: daß ein Vertrag an allem deutschen Unglück seit 1918 schuld sei, sagte der Gesunde Menschenverstand: daß der Vertrag von Versailles an ihrem Unglück schuld ist. Der Gesunde Menschenverstand ist ein Produkt aus Erziehung, Erfahrung und Morgenzeitung. Man redet dem Einzelnen ein, daß seine Einsicht und seine Wahl ist – was Einsicht und Wahl derer ist, mit deren Vernunft er infiziert worden ist.

Der Gesunde Menschenverstand ist ein Betrug an Jenen, welchen man weismacht, daß sie ihn haben. Man läßt den Einzelnen Urteile fällen und Entscheidungen treffen, die, erstens, über seinen Horizont gehen – und, zweitens, gar nicht seine Urteile und Entscheidungen sind. Der Menschenverstand wird im besten Fall chronisch überanstrengt; der überanstrengte wird leichtsinnig – und er wird obendrein noch gesund genannt. Dieser Satz verliert seine Wahrheit auch dann nicht, wenn er von den übelsten Sklaven-Händlern zitiert wird. Die Diktatoren aber haben nur die Früchte geerntet, die eine infame Praxis und eine falsche Theorie gezeitigt haben. Der Einzelne ist seines Gesunden Menschenverstandes sehr überdrüssig. Er hat es satt, immerzu zu wählen. Er hat es satt, immer wieder von Gallup nach der Unsterblichkeit der Maikäfer befragt zu werden. Der Ekel, der die Regierten vor dem eigenen Dilettantismus erfaßt, kommt der bösen Vernunft-Feindschaft aller Herren zugute. In der Vernunft-Feindschaft der Massen wird eine unerträgliche Bürde von der Schulter geworfen – dort, wo eine Gelegenheit dazu ist.

Man liebt es, die Vernunft-Feindschaft in Zusammenhang zu bringen mit der Propaganda, die man dann Verhetzung nennt; weil die Vernunft-Feindschaft von den besten Propagandisten der modernen Tyranneien am lautesten ausgeschrien wird. Im übrigen täuscht man sich, wenn man meint: Vernunft müsse Propaganda-feindlich sein und Propaganda Vernunftfeindlich.

Der Gesunde Menschenverstand wurde früher anders hergestellt als heute: früher langsamer und gründlicher – durch Erziehung; heute schneller und flüchtiger – durch Propaganda. Sowohl der autokratische als auch der liberale Staat der Vergangenheit regierten mit Eltern und Lehrern und Geistlichen im Bunde; das hielt dann ein Leben lang vor. Der Erwachsene brauchte früher nicht bis in sein hundertstes Lebensjahr mit neuen Ideen bestürmt zu werden – weil nicht jedes Jahr neue Orders an ihn gingen. In dem Maß, in dem die Kulissen, die ein Leben umstellen, in Trab kommen, muß die Erziehung zur Propaganda werden. Man wohnt nicht mehr ein Leben lang in einem Haus – sondern zieht um, so oft die kurzlebigen Verhältnisse wechseln. Ebenso kurzlebig sind die Moden. Ebenso kurzlebig ist die Politik. Ebenso kurzlebig ist ein Gesunder Menschenverstand.

Der Gesunde Menschenverstand sagte im Jahre 1939: daß kein Unterschied ist zwischen Hitler und Stalin – und im Jahre 1943: daß Stalin erstens ein Antipode Hitlers ist, und zweitens ein guter Mann. Auf dem Wege der Erziehung geht so etwas nicht mehr – auch nicht in Demokratien. Die Geschichte des Bolschewismus, die man den Kindern in der Schule beibringen müßte, ist bereits überholt, wenn die Schulbücher gedruckt sind. Erziehung kann das Tempo nicht mehr einhalten, in dem der Gesunde Menschenverstand vorwärts rast – von Gesundheit zu Gesundheit. Propaganda hingegen ist: Erziehung für einen Tag.

Die so übel beleumdete und so eifrig gepflegte Propaganda ist also keine Erfindung von bösen Menschen. Es ist nicht wahr, daß Goebbels sie ausgeheckt hat. Auch ist sie mehr als ein Neben-Produkt technischer Erfindungen. Sie ist weder tyrannischer noch demokratischer, sondern revolutionärer Herkunft. Sie hatte früher ihre Grenze an der Erziehung – mit der sie im übrigen verbunden ist in demselben Geschäft; der Herstellung von selbständigen Seelen. Gäbe es Gesunden Menschenverstand – in dem Sinne, in dem die Aufklärung vom Natürlichen Lichte redete, so wäre nicht nur Propaganda überflüssig, sondern auch Erziehung. Und es wird so lange keinen Gesunden Menschenverstand geben, wie diese Gesundheit von Erziehern und den Propagandisten irgendwelcher Nutznießer hergestellt wird.

Es war einmal eine Zeit, deren Wortführer sagten: »Wer die Welt vernünftig ansieht, den sieht sie auch vernünftig an«; und manche glauben auch heute noch, daß die Welt sie vernünftig ansieht. In der Vernunft sah man ein Natürliches Licht – und in der Welt das Produkt eines Vernünftigen: eine Riesen-Kette von Mitteln, die auf etwas rauswollen – wie es auf etwas rauswill, wenn morgens Pinsel, Seife und Rasierzeug bereitgestellt sind, und der Wasserhahn läuft. So krabbeln, wie man sich das vorstellte, viele hundert Millionen natürlicher Lichter auf der Erde herum, zum Teil hellere, zum Teil trübere; die trüberen sind von Erziehern und Missionaren nur noch nicht richtig erhellt worden. Deshalb ist die Welt für viele noch recht dunkel, infolge der Dunkelheit werden natürlich Fehltritte gemacht, aber »Erziehung kann alles« (hieß es im Achtzehnten Jahrhundert) – über den Inhalt der Erziehung machte man sich weniger Kopfschmerzen.

Die Vernunft-Feindschaft geht auch gegen diesen frommen und manchmal (für weniger Fromme) so nützlichen Kinderglauben. Die Vernunft-Feinde entdecken, daß dieses natürliche Licht ein schmales Lichtchen ist, das in der Finsternis leuchtet – und es sehr fühlbar macht, wie viel Dunkel um das Licht herum liegt. Je mehr erkannt wird, umso mehr wird rätselhaft.

Das Natürliche Licht erleuchtet taghell – nicht eine Welt der Vernunft, sondern eine Welt von Vernünften. Das Natürliche Licht ist nicht jene tausendkerzige Beleuchtung, die das All – und den Weg des Aufstiegs überhell macht: als würde plötzlich bei einer Bergbesteigung das ganze Gelände unter Scheinwerfer gesetzt. Selbst ein Philosoph wird hineingeboren in ein Dickicht, das aus Wahrheiten, Irrtümern und Lügen zusammengewachsen ist. Die Sprache, die Amme, die Eltern, die Universitäten machten ihn heimisch in diesem Dickicht, und so setzte sein Natürliches Licht Wahrheiten und Lügen und Irrtümer in bengalische Beleuchtung. Die Vernunft ist ein neutrales Werkzeug. Und wie man den Hammer sowohl zum Annageln eines Bildes gebrauchen kann als auch zum Töten eines Menschen – so kann man auch die Vernunft gebrauchen sowohl zur Aufklärung und Befreiung als auch zur Verdummung und Unterdrückung.

In der Feindschaft gegen die Vernunft ist auch viel Feindschaft gegen eine von der Vernunft befestigte Unmenschlichkeit.

Das Jahrhundert der Unsicherheit

Es haben also zwei Feinde von verschiedenen Richtungen ihre Geschütze auf die Vernunft gerichtet.

Von der einen Seite attackierten jene Kavalleristen, die es zwar für vernünftig hielten, daß man den Tod im Bett findet – aber gerade deshalb gegen die Vernunft waren; denn sie hatten mehr Interesse daran, daß ihre Leute auf einem Plünderzug sterben. Man hat oft von diesen Kavalleristen gesagt: sie hätten den Verstand ihrer Pferde. Das ist ein sehr unverständiger Ausspruch gewesen. Auch dieser Feind gefährdete die auf der bürgerlichen Vernunft aufgebaute Gesellschaft – und wurde dann in zwei großen Kriegen zurückgeschlagen.

Aber da ist, neben ihm, noch dieser andere Streiter gegen die Vernunft – er trug viele erlauchte Namen – und wird von Tag zu Tag immer herausfordernder. Nicht nur Hitler und seine Ahnen schrieben gegen die Intellektuellen. Es schrieb zum Beispiel der große deutsche Dramatiker Frank Wedekind: »Um wieder auf die Fährte einer großen, gewaltigen Kunst zu gelangen, müßten wir uns möglichst viel unter Menschen bewegen, die nie in ihrem Leben ein Buch gelesen haben, denen die einfachsten animalischen Instinkte bei ihren Handlungen maßgebend sind.« Das Neunzehnte Jahrhundert, von Stendhal bis zu Nietzsche, war angefüllt mit Dynamit gegen jene Ordnung und jene Theorie, die von der bürgerlichen Vernunft etabliert waren. Und da in der Zivilisation Vernunft und Sicherheit identisch sind, waren diese Attacken auf die Vernunft Attacken auf die Sicherheit, die sie geschaffen hat. Die Vernunft-Feindschaft ist nicht nur reaktionär – indem sie eine Sicherheit schützt. Sie ist auch revolutionär – indem sie eine Sicherheit dadurch unterminiert, daß sie ihre Vernunft bloßstellt.

Die hervorragendsten Poeten und Philosophen haben hinter dem Wort Vernunft, hinter dem Wort Sicherheit hervorgezogen: Lebens-Stellung und mündelsichere Papiere und Ruhe und Ordnung und hygienische Liebe und Langeweile und Umwandlung einer Fremde in eine Gute Stube. Sie haben aufgedeckt, wie es unter der Guten Stube rumort – längst bevor die kavalleristischen Brandstifter diese Guten Stuben haben in Feuer aufgehen lassen. So besteht heute zwischen den Worten Vernunft, Sicherheit – und den besten Zeitgenossen eine so ironische Beziehung, daß sie diese Worte am liebsten ein-für-allemal in Anführungsstriche täten, die mit ihren Wimpern zwinkern.

Wer den Mut hätte, eine Geschichte der seelischen Verfassung des Abendlandes seit dem Ende des Achtzehnten Jahrhunderts zu schreiben, müßte in den Mittelpunkt rücken: die Auflösung der bürgerlichen Vernunft und das damit verbundene Erlebnis der Unsicherheit. Dies Erlebnis hat einen lauten Ausdruck gefunden in den Melancholien von Lyrikern und Musikern, in der ewigen Klage über Einsamkeit, in hundert hektischen Versuchen, irgendeinen Gott ausfindig zu machen, der noch fähig ist, einen auf den Schoß zu nehmen. Alle diese Strindbergs und Kierkegaards und Nietzsches und Tolstois sind nur verdeutlichende Übertreiber gewesen. Sie zeigten mikroskopisch und in Groß-Aufnahme, was in ihren weniger deutlich lebenden Zeitgenossen vor sich ging.

Das Gefühl der Unsicherheit, das in den großen Zeugnissen unserer Ära so mächtig lebt, lauerte wohl unter jeder Zeit. Aber die Angst des Einsamen, der Schrecken des Verlorenen hat immer wieder Gebilde hervorgebracht, in denen eine unerträglich fremde Welt in eine vertraute Stube verwandelt war. Das gelingt seit Generationen nicht mehr. Und vielleicht ist diese Unfähigkeit zur Verzauberung einer Fremde in eine Heimat das Besondere der Ära, die mit dem Ende des Achtzehnten Jahrhunderts begann.

Es gibt Fragen, die sich immer stellten; und immer offenbarte eine Zeit ihr Gesicht in den Antworten auf diese Fragen. Wie sind sie in den letzten hundert Jahren beantwortet worden? Was ist unser Leben? Ibsen antwortete: »Leben heißt – dunkler Gewalten Spuk bekämpfen in sich.« Was ist der Mensch? Georg Büchner antwortete: »Der Mensch ist ein Abgrund; es schwindelt einen, wenn man hinunterschaut.« Wie lebt solch ein Wesen, das von diesem Schwindel gepackt wird? Flaubert antwortete in einem Briefe: »Kennen Sie die Langweile des Nichts? Nicht diese gewöhnliche, banale Langweile, die aus dem Nichtstun oder aus der Krankheit entspringt, sondern diese moderne Langweile, die den Menschen in seinen Eingeweiden auffrißt, und die aus einem klugen Wesen einen Schatten macht, der umhergeht, ein Phantom, das denkt.« Wie kann der Mensch erlöst werden? Friedrich Hebbel schrieb an Elise Lensing: »Es ist zugleich unheimlich und gefährlich, wenn ein Mensch zum Fundament seines Wesens heruntersteigt, und er tut gar wohl, wenn er niemals daran rüttelt, denn drunten lauert die Finsternis und der Wahnsinn.« Die spezifische Erlösung unserer Ära ist die Verdrängung – nicht etwa die Psychoanalyse, die denn auch, in gutem Instinkt, nie an die Fundamente geht.

Was war eigentlich geschehen, daß man seine Existenz so deutete? Im Neunzehnten Jahrhundert hatte sich viel ereignet, wogegen jede große Erschütterung: daß die Erde nicht der Mittelpunkt des Universums ist – nur ein freundlicher Beginn war. Das größte dieser Ereignisse übersetzten die Wortführer in den Satz: Gott ist tot. Dieser Satz gehört ebenso der Theologie wie der Ökonomie an.

Dieser Satz wurde auch mit Jubel ausgesprochen. Bevor die

Unsicherheit fühlbar wurde, die der Anblick des leeren Himmels hervorrief, erlebte man die Befreiung von einer uralten Tyrannei. Man war selig, daß man einen lästigen Aufseher losgeworden war. Man genoß in vollen Zügen, daß man eine tote, niederdrükkende Tradition abgeschüttelt hatte. Und es mischte sich das Glück darüber, daß einem nun kein kosmischer Diktator mehr etwas zu sagen hatte – mit dem Glück des siegreichen Bürgers. Die trunkenen Dithyramben, die in diesem Jahrhundert dem toten Gott gewidmet wurden, zeigen sowohl die anarchische Besessenheit des jungen Studenten, der zum ersten Mal ohne die Aufsicht seiner Familie lebt, als auch die stolze Besessenheit des Bürgers, der aus dem feudalen Ghetto gerade herausgetreten ist, als auch die hungrige Besessenheit eines Spielers, der weiß, daß nichts über ihm ist als der allen gleiche Zufall.

Der Jubel war laut und schnell vorbei. Man hatte gejubelt, weil man einen unbequemen Aufseher losgeworden war. Man hatte gejubelt, weil man – man selbst sein durfte. Man spürte aber dann auch, daß man keinen Vater mehr hat. Man kann diesen schlichten Sachverhalt auch viel komplizierter benennen – es kommt immer auf dasselbe heraus. In vielen Vokabeln ist dies schmerzliche Vermissen zum Ausdruck gekommen. Besonders häufig wiederholten sich die Worte: Riß, Abgrund, Leere, Loch, Nichts, Schwindel, Langeweile. Frank Wedekind schrieb: »Und es wächst ins Gigantische die Langeweile. Kinder ergötzt es, Seeräuber und Gefangene zu spielen, weil ihnen das Treiben der Erwachsenen Achtung abnötigt. Aber uns, die wir erwachsen sind, was nötigt uns noch Achtung ab? ... Was sollten wir spielen?«

Immer hat man über einen Riß geklagt, der durch die Schöpfung gehe – und in ähnlichen Bildern. Aber man war auch immer imstande gewesen, diesen Riß vernünftig zu schließen. Die Geschichte der mittelalterlichen Dichtung hat folgende Szene aufbewahrt. Im Jahre 1322 wurde in Eisenach vor dem Landgrafen das geistliche »Spiel von den klugen und törichten Jungfrauen« aufgeführt. Als Christus, trotz der Fürbitte Marias, die fünf törichten Jungfrauen nicht erlöste, verließ der Fürst in höchster

Erregung das Spiel. Und zwei Tage lang disputierte er mit den Gelehrten seines Hofes die Kardinal-Frage der Erlösung.

Wer kann noch die Kardinal-Frage der Erlösung disputieren – sieht man von den Angestellten verstorbener Götter ab? Die vom Positivismus erzogenen Generationen kochten das Wort Erlösung »semantisch« gar – und erlösten es so von jeder Bedeutung. Im Neunzehnten Jahrhundert hat man das Abschneiden aller Antwort noch sehr ernst genommen – und als Katastrophe erlebt. Damals schrieb ein großer Dichter nach der Lektüre von Kants *Kritik* verzweifelt: »Wir können nicht entscheiden, ob das, was wir Wahrheit nennen, wahrhaft Wahrheit ist. – Man sage nicht, daß eine Stimme uns heimlich und deutlich anvertraue, was recht sei.« – Und ein anderer fuhr fort: er habe schon zu tief in das Nichts alles irdischen Wesens und Treibens geblickt, um noch für irgendein Ziel zu Nest tragen zu können. – Und ein dritter schrie: »Warum leide ich? Das ist der Fels des Atheismus. Das leiseste Zucken des Schmerzes, und rege es sich nur in einem Atom, macht einen Riß in der Schöpfung von oben bis unten.« – Das Neue ist nicht, daß dieser Riß erlebt – sondern als unaufhebbar erlebt wurde, von keiner Vernunft mehr einzukapseln. Warum mußte der Riß geschehen? fragte man. Und man antwortete: Hierauf habe ich nie eine Antwort gefunden, und keiner wird sie finden, der ernstlich fragt. –

Diese Antwort war noch da, als Schiller jenen Vers schrieb, der allerdings auch schon recht verdächtig war:

> Wisset! Ein erhabener Sinn
> Legt das Große in das Leben,
> Und er sucht es nicht darin.

Diese Antwort war noch da, als Goethe den Mephisto in einer Ordnung unterbrachte, für die alles Vergängliche nur noch ein Gleichnis ist – obwohl er schon nicht mehr wußte: Gleichnis für was. Ein etwas jüngerer Mephisto sagte dann bald darauf: Es dringt das alte Dunkel, womit wir die Welt, soweit sie sich auch ausdehnt, umlagern, schnell hervor, wo etwas einbricht. – Das

Dunkel ist nicht eine Enklave des Lichts, das Licht ist eine Enklave des Dunkels: das ist das zentrale Wissen der Wissendsten geworden.

Heute gilt das alles für »Romantik« – womit man etwas gesagt zu haben meint. Der Mensch liegt beschützt oder, wenn man will, begraben unter einer zolldicken Decke, die aus einigen Lagen Positivismus und einigen stark vermotteten Götter-Gewändern besteht – und die Verzweiflung niederzuhalten sucht. Und nicht in seinen Dichtern und Philosophen kommt dieser Mensch ans Licht, sondern in seinen seelischen Erkrankungen. Damals aber, als man seine Verzweiflung noch naiv offenbarte, wurde sie zu Bildern, die man nur vor dem Hintergrund des Bilds vom christlichen Himmel und des Bilds von der majestätisch-gemessen vorwärts schreitenden Vernunft recht würdigen kann. Dies ist zum Beispiel solch ein Bild gewesen: das Nichts hat sich ermordet, die Schöpfung ist seine Wunde, wir sind seine Blutstropfen, die Welt ist das Grab, worin es fault. –

Das Hauptwort der inneren Verfassung, die in diesem Bilde zum Ausdruck kam, hieß: Einsamkeit. Gerhart Hauptmann gab einem seiner Dramen den Titel *Einsame Menschen.* Das ist eine gute Überschrift für die Menschheit am Ende der letzten Sicherheit, von der wir wissen. Der Gegensatz von Einsamkeit aber ist nicht Zweisamkeit, Vielsamkeit, Gesellschaft – sondern Geborgenheit, Sicherheit.

Einsamkeit ist Unsicherheit.

Einsamkeit

Das sogenannte Ich hat eine Neigung, sich füllen zu lassen: zuerst von blitzenden Klappern, dann von Ammen-Märchen und Puppen, dann von Paraden und Romanen. Diese Neigung ist von vielen Denkern und ihren Nachbetern als eine Schwäche für Ablenkungen ausgelegt und verurteilt worden. Da wird denn, wenn man konsequent ist, das ganze Leben – vom Rohsten bis zum Feinsten – zu einer langen Kette von Ablenkungen.

Es beginnt mit der Knarre, an der sich das Baby ergötzt. Es geht fort mit Buffalo Bill oder antikeren Helden, an die sich Knaben verlieren. Das junge Mädchen gibt sich hin an den Mann ihrer Wahl. Der Gelehrte weiht sein Leben einem Problem. Und zwei Dinge lenken vor allem ab: die Arbeit für die Notdurft – und der Ehrgeiz, der hinauf will.

Sie füllen am gründlichsten die Seele und lassen nur wenig Platz für Einsamkeit. Deshalb hat die große Tragikomödie der Einsamkeit, die am Anfang des Neunzehnten Jahrhunderts geschrieben wurde, zum Helden einen unehrgeizigen Prinzen. Zur Zeit: wo es noch keine frohen Ablenkungen und keinen großen Ehrgeiz gibt – in der frühen Jugend ist alles Hobby. Später ist das Hobby die freiwillige (natürlichere oder künstlerische) Ablenkung, während das Geldverdienen eine erzwungene Ablenkung ist.

Nicht Ablenkung sind eigentlich nur jene gefürchteten Stunden, in denen die Seele reingefegt ist von Welt. Die Abwesenheit aller Ablenkungen ist äußerste Einsamkeit. Die Mystiker liebten sie. Pascal verherrlichte sie. La Bruyère faßte dieses Ideal enger, in die Worte des Aristokraten: »All unser Unglück kommt daher, daß wir nicht allein sein können.« (»Tout notre mal vient de ne pouvoir ètre seul.«)

Aber, wovon wird eigentlich das Baby ab-gelenkt, wenn es sich voll Seligkeit in den glänzenden Gegenstand verliert? Um abgelenkt werden zu können, muß man eine Richtung haben. Welche Richtung hat ein Ich, wenn es nicht ab-gelenkt wird? Wenn es nicht von einem Feuerwerk ab-gelenkt wird, ist es in seinen Zahnschmerzen. Wenn es nicht von seinen Zahnschmerzen ab-gelenkt wird, ist es in dem neuen Hut, den es kaufen will. Wenn es nicht von dem neuen Hut ab-gelenkt wird, ist es in der Sorge, daß es seine Miete nicht bezahlen oder seine Frau nicht halten oder ein wissenschaftliches Problem nicht lösen kann. Und wenn es gar nicht ab-gelenkt wird, fühlt es sich einsam – es sei denn, daß es, wie im Falle der Mystiker, von einem selbstproduzierten Gott unterhalten und ab-gelenkt wird – was dann aber nicht Ab-lenkung genannt wird, sondern Fülle.

Die Vorstellung von der Ab-lenkung trägt in sich die Vorstellung von einem Ich, das im Körper sitzt: eine Monade, ein Mikrokosmos; und entweder bleibt das Ich hübsch zu Hause sitzen bei sich – oder es treibt sich in der Welt wie ein lockeres Frauenzimmer umher. Diese Vorstellung vom selbstgenügsamen Ich lebt auch heute noch in ungebrochener Kraft. Am vierten November 1907 notierte Mark Twain: »Jeder Mensch ist die ganze Menschheit – und da fehlt in ihm auch nicht der kleinste Zug.« (»Every man is in his own person the whole human race, with not a detail lacking.«) Wäre dem so, dann wäre die Einsamkeit wirklich der angemessene Zustand. Aber wie die Natur des Körpers in einem ununterbrochenen Verkehr mit dem Jenseits der Haut liegt – so liegt die Natur des Ich in den sogenannten Ablenkungen. Das Ich, das wir kennen, ist nicht die ganze Menschheit im Kleinen, sondern eher eine Sackgasse; etwas Abgesondertes, das zwar mit dem All und der Menschheit zusammenhängt – aber nicht mehr als ein mehr oder minder abgelegenes Dorf. Was man aber Ablenkung nennt, sind eher Hin-Lenkungen, Annäherungen. – Einsamkeit aber ist nicht unabgelenktes Leben, sondern Vorwegnahme des Todes.

Es gibt kein Ich, das im Körper sitzt – und ganz es selbst ist, wenn es die Rolläden herunter läßt. Es gibt höchstens ein Ich, welches soviel Ablenkung aufgespeichert hat – wie der erfahrene Monsieur La Bruyère: daß es sich abschließen kann, um die aufgespeicherten Vorräte ungestört zu genießen. Was das Ich aber ist, ist deshalb so schwer auszudrücken, weil die Sprache aufgebaut ist auf der törichten Zweiteilung von Ich und Außenwelt. Es ist deshalb auch nur annähernd richtig, zu sagen: das Ich ist eine Reihe von Ausflügen – die mit einem Körper intimer verbandelt ist als mit allen andern Körpern. Nur durch dieses Verbandeltsein ist die Trennung zwischen Ich und Nicht-Ich überhaupt möglich.

Diese Scheidung verführte zu dem Glauben, daß der Einzelne

in Einzelhaft zur Welt kommt und in Einzelhaft stirbt. Die Wahrheit aber ist beschrieben zum Beispiel in den folgenden Sätzen Balzacs über sein Verhältnis zu den Mitmenschen: »Ich hörte diesen Leuten zu, und ihr Leben wurde mein Leben. Ich fühlte ihren Plunder auf meinem Rücken. Ich ging in ihren zerrissenen Schuhen. Ihre Wünsche zogen in meine Seele ein, und meine Seele zog in sie ein. Aus seinen Gewohnheiten herausgehen, ein Anderer werden als man ist – in jener Trunkenheit, die einen dazu fähig macht, und dieses Spiel spielen je nach Laune, das lenkt mich angenehm ab.« (»En entendant ces gens, je pouvais épouser leur vie; je me sentais leur guenilles sur le dos; je marchais dans leur souliers percés: leurs besoins, tout passait dans mon âme et mon âme passait dans la leur... Quitter ses habitudes, devenir un autre que moi par l'ivresse des facultés morales et jouer ce jeu à volonté: telle était ma distraction.«) Hiermit hat sich nicht nur ein Einschleicher von Profession und Begabung beschrieben.

Hier ist beschrieben, was jedes Baby tut, ohne es zu wissen, und jedes kleine Wesen, das mit großen Kinder-Augen und offenem Mund dasteht – verlassen von seinem Ich, das gerade in Irgendetwas hineingeschlüpft ist. Dieses Hineinschlüpfen, die Neigung und »die Fähigkeit zur Transformation«, in der Paul Valéry die Essenz des leibhaftigen Ich sieht, haben Kinder – weil sie noch nicht vom Despotismus des Wettbewerbs in Einzel-Zellen eingemauert sind – in viel höherem Grade als Erwachsene. Deshalb sind die Kleinen mehr Menschen als die Großen. Und die Liebe zum Kind ist die Sehnsucht nach einer Unstarre, einer Elastizität, einer Verwandlungsfähigkeit des Ich, die fast kein Erwachsener mehr hat – und er kann doch nicht ganz vergessen, daß er bestimmt war, All zu werden – und nun, mitten im weiten All, in einem kleinen engen Pferch gefangen ist.

Was man Ablenkung nennt, was auch Balzac so nannte, ist die Natur des Ich – das allerdings durch die Verhältnisse, vor allem: durch die Diktatur des Wettbewerbs – an der Erfüllung seiner Natur verhindert wird. Alle im Wettbewerb sind auf dem Weg zur Einsamkeit. Der endgültige Einsame ist ein Ich mit keiner

Hingabe, also keiner Einnahme: ein unterernährtes Ich. Im Gefühl der Einsamkeit tut dies Unterernährtsein weh.

Sprechen wir zunächst nicht von der Einsamkeit melancholischer Poeten oder verzweifelter Gottsucher; sprechen wir, was dasselbe ist, von Babys, die schreien, weil die Einsamkeit schmerzt. Wenn man ein Baby unterhält, indem man ihm Gesichter schneidet und glänzende Gegenstände reicht, ist es glücklich. Wenn man dann aus dem Zimmer herausgeht, weint es. Weshalb weint es? Weil es sich verlassen fühlt. Was ist diese Verlassenheit? Hunger der Seele. Die kleine Seele lebt von glänzenden Gegenständen – und, wenn sie herangewachsen ist, von Vielfältigerem: wie der kleine Körper von Milch lebt, und, wenn er herangewachsen ist, von Vielfältigerem. Das Ich des Babys will wachsen. Seine Nahrung sind knarrige Geräusche und glänzende Gegenstände. Seine Einsamkeit ist Mangel an Nahrung für dieses Ich. – Übrigens ist es dasselbe mit Haustieren. Hunde, die an menschliche Gesellschaft gewöhnt sind, sind unglücklich, wenn sie allein zu Haus bleiben müssen. Sie lieben es nicht, verlassen zu werden.

Alle Trennungen sind ein bißchen Vereinsamungen. Kinder wollen oft nicht schlafen gehen. Sie haben nichts gegen den Schlaf – und viel gegen die Trennung, die man ihnen zumutet. Jeder ist zusammengewachsen mit einem Stück Welt; ein Stück Welt ist Ich geworden. Das Ich ist nicht etwas Geborenes, sondern etwas Zusammengewachsenes. Es besteht aus Eltern, Blumen, Freunden, Maschinen, Kindern, Feinden, Symphonien, Tieren, Träumen und manchem mehr. Jede Trennung ist eine Verletzung des Ich und tut weh. Manche Trennungen werden so wenig gespürt, wie eine Haut, die sich leicht schält; manche Trennungen sind lebensgefährliche Operationen. Die Trauer bei Trennungen ist der Schmerz, den es kostet, ein Stück Ich zu verlieren. Trennung ist Verminderung des Ich. Sehnsucht ist das Vermissen eines Stück Ich.

Unter den Trennungen ist eine ausgewählt worden vor allen anderen; man hat der mit ihr verbundenen Trauer einen besonderen Namen verliehen: Tristitia post. Aber diese Trauer nachher ist verbunden mit dem Ende eines jeden intensiven Zusammenseins. Richard Wagner klagte, er fühle sich ganz besonders unglücklich nach der Beendigung eines Werks. Alle, die mit einem großen oder kleinen, wertvollen oder weniger wichtigen Werk stark verbunden waren, kennen diese Tristitia post.

Die Trennungen sind schwache Vorwegnahmen davon, was einmal die letzte Trennung sein wird. Jede Einsamkeit ist ein kleines Vorkosten des Todes. Flaubert schrieb: »Vor einer Trennung gibt es immer einen Augenblick, wo die geliebte Person nicht mehr bei uns ist.« Vor dem Tode haben wir viele Augenblicke, wo unser geliebtes Ich nicht mehr bei uns ist. Deshalb richtet das berühmteste Argument gegen den Tod so wenig aus. Es lautet: Wovor sich fürchten? solange wir leben, ist der Tod noch nicht da – und wenn er da ist, spüren wir ihn nicht mehr. Aber der Tod ist eben nicht am Ende des Lebens. Ja, er ist nur da, solange der Mensch lebt. Er ist etwas in jeder Einsamkeit.

In jeder Einsamkeit verläßt uns die Welt oder wenigstens ein Stück von ihr. Der Einsame verläßt nicht: er wird verlassen, er wird fallen gelassen. Furcht vor dem Tod ist die Furcht, daß einem schließlich alle Klappern genommen werden. Sie ist nicht zu beheben mit der Versicherung, daß man in seinen Kindern oder in seinem Werk fortleben wird – oder in seiner unsterblichen Seele. Man sage zu einem Menschen, der glaubt, daß es ihm nur um seine unsterbliche Seele zu tun ist: Du wirst einen anderen Körper haben; Du wirst auf einem Stern leben, dessen Natur Du Dir nicht einmal vorstellen kannst; Du wirst ohne Deine Eltern sein, ohne Eiscrème, ohne Pascal, ohne Deine Lieblingsschuhe und ohne Chopin. Du wirst auch ohne Erinnerung sein, ganz ohne Erinnerung an den ersten Kuß. Wer darauf nicht böse antwortet: Ich soll also weiterleben ohne mich? – weiß nicht, was er will, wenn er ewig leben will. Das Sich-Sträuben gegen Einsamkeit und Tod ist der Horror Vacui einer Seele.

Nichts macht so einsam wie die Abwesenheit des Lichts. Da das Auge die belebteste Passage ist, auf der entlang kommt, was das Ich bevölkert – so ist das Dunkel: die größte Verödung des Ich, ganz besonders in einem Alter, in dem die innere Welt noch schwach bevölkert ist. Mag die Angst vor dem Dunkel auch noch andere Herkünfte haben: zum Beispiel die Angst vor Feinden, die im Dunkel nicht mehr zu kontrollieren sind. – Dunkel ist besonders: Verlassenheit; alles, was im Licht da war, hat einen verlassen. Die Angst von Kindern und auch von Erwachsenen vor dem Schlafengehen ist meistens die Angst vor dem Auslöschen des Lichts. So wurde das Dunkel zum Symbol allen Schrecklichen, allen Unwerts. Das Schwarze ist die Farbe der Trauer.

Man kann auf vielen Wegen in die Wüste der Einsamkeit gestoßen werden. Ein Blinder pflegt einsamer zu sein als ein Sehender. Ein Kranker einsamer als ein Gesunder. Ein Alter einsamer als ein Junger, ein Armer einsamer als ein Reicher, ein Emigrant einsamer als ein Eingeborener, ein Unscheinbarer einsamer als ein Attraktiver, ein Vorläufer einsamer als ein Nachläufer. Die Einsamkeit kann das Charakteristikum ganzer Gesellschaften sein – zum Beispiel in Zeiten, wo sich mächtige Traditionen zersetzen. Um die Wende des Zwanzigsten Jahrhunderts schrieb der österreichische Dichter Arthur Schnitzler diesen Dialog:

»Warum reden Sie denn vom Sterben?«

»Gibt es einen anständigen Menschen, der in irgendeiner guten Stunde in tiefster Seele an etwas anderes denkt?«

Dieser Satz ist für das Zeitalter, in dem er geschrieben wurde, bezeichnender als alles, was die Chroniken füllt unter der Überschrift »Geschichte« – und nichts ist als eine Sammlung der dicksten Zeitungs-Überschriften.

Es gab gegen den Tod, gegen die Furcht vor dem Tod, gegen die Vorwegnahme des Todes immer nur ein einziges Mittel: Religion. Hat jemand Religion, so hat er Gesellschaft bis zur letzten Sekunde. Der liebe Gott oder der liebe Herr Jesus oder noch irdischere Geister oder die Moral oder der Fortschritt des Menschengeschlechts oder das Bewußtsein der Sicherheit seiner Familie für zwei Generationen schützten ihn vor der Einsamkeit – bis in den Tod. Schutz vor der Einsamkeit ist die große Funktion aller Religionen gewesen – und aller ihrer weniger kräftigen Nachfolger. Der liebe Gott war immer die Nahrung unterernährter Ichs. Der liebe Gott war immer dazu da, den aus der Welt Herausfallenden aufzufangen; dem in jeder Beziehung Verlassenen Gesellschaft zu leisten; das öde Loch Ich anheimelnd zu möblieren. Religion ist Opium - noch in einem viel tieferen Sinne als Marx es meinte. Man kann mit Religion das häufige Vorauszucken des letzten Abschieds ziemlich unempfindlich machen.

Bisweilen entwickeln die Einsamsten die stärksten Kräfte, der Einsamkeit zu entfliehen. Wahrscheinlich sind die Religions-Stifter Menschen gewesen, deren Einsamkeit so unerträglich war, daß sie eine Geborgenheit erzwingen mußten. Alle großen Phantasien entstanden wohl aus der Qual nicht zu ertragender Leere. Die Wüste ist die Geburt des buntesten Scheins gewesen. Vielleicht mußte Homer blind sein, weil nur so dieser Exzeß an Farbigkeit zu verstehen war. Und die, welche an der grauen Eintönigkeit des industriellen Zeitalters am meisten litten, schufen die grellsten Opern.

Wer keine Religion hat, kann sich ihre Leistung nur durch ärmliche Vergleiche klarmachen. Ich mache mir diese (mir unbekannte) Gesellschaft des Lieben Gottes und diese (mir ebenso unbekannte) Gesellschaft einer unerbittlichen Welt-Vernunft klar mit Hilfe einer Jugend-Erinnerung. Wenn Vater und Mutter nachts aus waren, lag im Dunkel ein Kind mit dem Schmerz einer brennenden Hohlheit. Hörte es dann plötzlich, wie der Schlüssel ins Schlüsselloch gesteckt wurde, so zog eine ungeheure lindernde, dann lustvolle Fülle ein. Es brauchte die Eltern nicht zu sehen, es brauchte sie nicht einmal zu hören; das unvergeßliche Geräusch des ins Schlüssel-Loch dringenden Schlüssels brachte in seine Seele alle jene Seligkeiten, welche die Mystiker beschrieben haben - und welche sie dem Eindringen des Lieben Gottes in ihr Ich zuschrieben.

Wer die größten Einsamen unseres Zeitalters, von denen wir wissen, portraitieren wollte, müßte sie so malen: sie waren Aufklärer, Götter-Töter, Zerstörer von Sicherheiten; und außerdem noch Gott-Sucher - die nichts fanden. Sie waren höchst vermögende Entlarver – und ganz unvermögende Religion-Stifter. Sie waren das Unvereinbare: Aufreißer eines Abgrunds – den sie zu füllen suchten und nicht füllen konnten.

Wie klar im Licht stehen in dem großen Epos des Neunzehnten Jahrhunderts, in *Krieg und Frieden*, tausend entthronte Götter: vom Heerführer bis zum Freimaurer – und wie unklar, wie nachzüglerhaft ist der mächtige Tolstoi, wenn er (zum Beispiel) die Napoleonische Katastrophe in Rußland zu deuten unternimmt. Mit gewaltiger Kraft haben diese Stendhals und Kierkegaards und Strindbergs und Nietzsches und Tolstois die Labyrinthe der Gesellschaft und des Einzelnen entwirrt. Ihr (fast sagenhaftes) Leiden an den Entgötterungen, die sie exekutierten, ist lebendig in Jedem, der sich nicht mit irgendeinem Mirakel betrügt. Wo sie aber Theologen des ihnen völlig unbekannten Gottes wurden, da redeten sie irre – oder retteten sich ins Museum zu den bereits katalogisierten Himmeln, den europäischen oder den asiatischen.

So entstanden diese imitierten Götter, diese imitierten Geborgenheiten, diese imitierten Sicherheiten – die sich alle, wenn man ihnen die oft so schönen Gewänder abnimmt, auf die einfache Flucht-Reaktion reduzieren lassen: Zurück. Und es sind drei große Zurücks, die fast allen nennenswerten religiösen und philosophischen Anstrengungen der letzten anderthalb Jahrhunderte zugrunde liegen: zurück zur Unverschämten Vernunft des Achtzehnten Jahrhunderts; weiter zurück zur starken Kirche des Mittelalters; noch weiter zurück zur Urhorde und ihrem starken Mann. (Das Zurück zu den uralten orientalischen Geborgenheiten war in Europa nur der Privat-Weg einer kleinen, exklusiven Schar.)

Diese Zurücks sind auch soziologisch zu erklären. Wollte das Bürgertum das Privileg, auf dem es errichtet war: freie Bahn dem Kapital – nicht zerstören lassen, so brauchte man Götter, die es schützten. Einen solchen Schützer fand man zuerst in der Unverschämten Vernunft, bis sie sich als zu schwach erwies; dann im Lieben Gott, bis er sich als zu schwach erwies; und schließlich im Hordenführer. Und die intellektuelle Krise jeder zukünftigen bürgerlichen Welt muß darin liegen – daß es nicht mehr weiter zurück geht.

Diese Deutung erklärt aber nur: weshalb alle diese abgelebten Götter die Unterstützung der Herren gefunden haben. Sie erklärt nicht: weshalb die kräftigsten, leidenschaftlichsten, tiefsten Geister die verstorbenen Majestäten noch einmal anschleppten und im Himmel installierten. Weshalb hat Schopenhauer, der doch Kant so gut studiert hatte und in der Unverschämten Vernunft keine Geborgenheit mehr fand – dennoch dem Unfaßbaren eine vollendete Logik verliehen? Weshalb streckte Kierkegaard, über dem sich kein Himmel mehr wölbte, dennoch Kinder-Ärmchen aus nach dem Lieben Gott – dem er im übrigen die tiefsten nihilistischen Geständnisse ins göttliche Ohr flüsterte? Weshalb rief der Held eines der einsamsten Dramatiker des Jahrhunderts aus: »Einer von den gepriesenen Attilas, Sullas und Caesars will ich werden«? Und noch deutlicher wurde bei Nietzsche diese zwangsweise Bevölkerung des leeren Himmels mit Horden-Häuptlingen. Er hatte den Himmel so gründlich ausgekehrt: von Christen und Logikern aller Sorten – daß er nur noch im starken Vater der Urhorde, in der Blonden Bestie Geborgenheit finden konnte. Man kann in diesem Ideal auch die berechtigte Caesaren-Sehnsucht eines verängstigten Bürgertums erkennen; wenn seine Figur für die herrschenden Bürger nicht brauchbar gewesen wäre, hätte er nie in die Universitäten und in die von ihnen gemachte Geschichte der Philosophie Eingang gefunden. Aber die Blonde Bestie ist nicht voll erklärt mit ihrer Nützlichkeit für manche Herren. Was leistete sie für den größten Einsamen unserer Ära? Sie war die poetische Metapher für die Unerträglichkeit einer ungewöhnlichen Unsicherheit. Es gibt kaum einen Menschen, der so viel so rücksichtslos in Frage stellte – wie Nietzsche. Und es gab infolgedessen kaum einen Menschen, der einen so mächtigen Atlas, einen so muskulösen Gepäckträger nötig hatte – das Schwankende zu stützen.

Wenn man das Zwanzigste Jahrhundert mit dem Neunzehnten vergleicht – mit jener selbstverständlichen Einschränkung, die solche Pausch-Quantum-Vergleiche verlangen, so entdeckt man: daß die Philosophen der Vernunft, die unser Jahrhundert hervorgebracht hat, daß seine Fundamentalisten und seine Verfasser religiöser Romane, daß seine Faschisten und verwandte Anbeter der Macht sich zu den Vorbildern im Jahrhundert Strindbergs und Nietzsches verhalten – wie Jungens, die Soldaten spielen, zu Soldaten in der Schlacht. Strindbergs Christentum war gewiß künstlich gegenüber dem Christentum des Paulus, eine Imitation – sein Glaube begann mit dem Satz: Ich will einmal experimentell glauben. Es war so, als sagt einer, welcher der Frauen müde ist – und sich dennoch unklar sehnt: Ich will noch einmal experimentell zum ersten Mal lieben. Aber Strindberg war noch ein Natur-Ereignis gegenüber – sagen wir: dem Christentum Brünings, der im Haverford-College im Jahre 1942 sagte: »Die Demokratie kann nicht funktionieren, ohne daß die Menschen Religion haben.« (»Democracy cannot function without religion in men's hearts.«)

Der Giganten-Kampf um Gott, um Gewißheit, um Sicherheit, der so bezeichnend für das Neunzehnte Jahrhundert ist, ging verloren mit einem gewaltigen Aufwand an Leidenschaft und Begabung. Es bleibt zunächst nichts übrig, als den Nachruf zu schreiben auf alle Geborgenheiten, auf alle absoluten Wahrheiten, auf alle von Offenbarungen und Beweisen getragenen Hoffnungen. Das ist nun für immer der Ausgangspunkt; deshalb kann man ihn nicht deutlich genug markieren. Und wir markieren ihn noch einmal.

Wenn wir wüßten – was die Schöpfer der Mythen, die Ausleger Gottes und die Architekten der großen Begriffs-Bauten zu wissen vorgaben: was die Natur des Menschen ist, worauf die Geschichte seiner Gattung hinauswill, was es mit dem Tod für eine Bewandtnis hat – dann wäre Sicherheit möglich. Nur das Leben innerhalb einer Gewißheit ist Sicherheit. Aber alles, was sich seit etlicher Zeit noch als Gewißheit gibt, ist nicht einmal der Schatten von ihr. Die letzte Gewißheit, die ein großer Denker sich und uns bescherte, sah so aus: nur das Ganze ist die Wahrheit – am Ende der Zeiten wird das Menschen-Geschlecht seine Natur offenbart haben. Viel einfacher eingekleidet heißt das: Wir können keine Wahrheit haben, wir können keine Gewißheit haben, wir können keine Sicherheit haben. Das ist die Bodenlosigkeit, über der wir leben. Das ist die Bodenlosigkeit, die ein Heer von Intellektuellen mit blauem oder grauem oder rotem Dunst zuzudecken sucht.

Die mythologischen, dann die theologischen, dann die philosophischen Gewißheiten, innerhalb deren Menschen Sicherheiten fanden, haben sich aufgelöst in eine Geschichte der Gewißheit. Nach den indischen, babylonischen, ägyptischen, jüdischen, christlichen Göttern – um nur die Stars zu nennen – ist zum Schluß auch noch die Göttin Vernunft, die sie alle in den Abgrund gestürzt hat, den Weg aller Geister gegangen. Und mit der Vernunft – mit dem Natürlichen Licht, mit den Natürlichen Rechten fiel auch diese ganze vergöttlichte oder verteufelte Natur des Menschen. Solch ein mächtiger Gott stürzt nie an einem einzigen Tag. Bereits Pascal hatte gesagt: Gewohnheit ist eine zweite Natur, welche an die Stelle der ersten tritt. Aber was ist Natur? Ist denn Gewohnheit nicht natürlich? Ich fürchte: Die Natur selbst ist nichts als eine erste Gewohnheit – wie die Gewohnheit eine zweite Natur ist. Rousseau sprach dann noch deutlicher aus, daß man dem von einer bestimmten Gesellschaft geprägten Menschen nicht entnehmen kann – was die »Natur« *des* Menschen ist. Und Rousseau sah bereits die Konsequenzen davon, daß uns die Natur des Menschen unbekannt ist: Solange wir die Natur des Menschen nicht kennen, können wir nicht einmal den Versuch machen, zu bestimmen: welchem Gesetz er untersteht – oder was das Beste ist, das er aus sich machen kann.

Man hat von Rousseau den ganzen Kultur-Pessimismus der letzten zweihundert Jahre abgeleitet. Aber von diesem: Wir kennen die Natur des Menschen nicht – führt auch ein Weg zu Hoffnungen, die größer sind als die üblichen Phrasen vom Fortschritt des Menschen-Geschlechts. Denn die Skepsis kann auch die Grundlage sein für ungewöhnliche Hoffnungen. Da der Skeptiker die Natur des Menschen nicht kennt, begrenzt er auch nicht seine Möglichkeiten. Es waren Nihilisten, die entdeckt haben, daß die uns bekannte historische Chaussee vielleicht nicht der einzige Weg in die Zukunft ist. Es gibt Nihilisten, mit deren Hoffnungen sich kein Fortschritts-Mann, kein Vorwärts-Schleicher messen kann.

Allerdings ist diese Seite des Verzichts auf Erkenntnis nicht so sichtbar geworden wie die andere: die Auflösung aller Gewißheiten, aller Sicherheiten. Wenn weder der Olymp noch der monotheistischere Himmel, noch die Welt-Vernunft, noch die Natur des Menschen zu vernehmen ist, so kann von daher auch kein Befehl mehr kommen: weder von der Göttin Athene noch von jenem Gesetzgeber, der mit Moses sprach – noch von einem mehr oder weniger kategorischen Imperativ; denn man kann, nach dem Tode der Majestät Vernunft, einen Befehl nicht mehr konkurrenzlos machen, indem man alle anderen Befehle von den Polizisten der Vernunft arretieren läßt. Und so hat sich ein Zustand herausgebildet, von dem sich ungefähr dasselbe sagen läßt, was Gibbon vom Kaiserlichen Rom sagte: »Die verschiedenen Arten von Götter-Verehrung, die in der Römischen Welt herrschten, wurden alle in gleicher Weise für wahr gehalten – vom Volk; in gleicher Weise für falsch gehalten – von den Philosophen; und in gleicher Weise für nützlich gehalten – von den Behörden.« (»The various modes of worship, which prevailed in the Roman world were all considered by the people as equally true; by the philosophers as equally false; and by the magistrate as equally useful.«) Übrigens ist gerade die Nützlichkeit der Religion für die Behörden im Neunzehnten Jahrhundert nicht nur ausgiebig praktiziert, sondern besonders klar ausgesprochen worden. Etwa von Burke: »Wir wissen es und, was besser ist, wir fühlen es in unserm Innern, daß Religion die Grundlage der Gesellschaft ist und die Quelle alles Guten und von allem, was das Leben behaglich macht. In England sind wir überzeugt davon: Es gibt keinen verrosteten Aberglauben, der im Laufe der Zeit den menschlichen Geist wie Schimmel überzogen hat, den nicht neunundneunzig Menschen von hundert der Gottlosigkeit vorziehen würden.« (»We know and, what is better, we feel inwardly, that religion is the basis of civil society, and the source of all good and all comfort. In England we are so convinced of this, that there is no rust of superstition with which the accumulated absurdity of the human mind might have crusted it over in the course of ages, that ninety-nine of in a hundred of the people of England would not prefer to impiety.«)

Die innere Stimme war der letzte Halt, nachdem die Stimmen aller Götter verklungen waren. Nur hat sich auch dieser Halt nicht gehalten. Zu Beginn des Neunzehnten Jahrhunderts schrieb der deutsche Dichter Heinrich von Kleist: »Dieselbe Stimme, die dem Christen zuruft, seinem Feinde zu vergeben, ruft dem Seeländer zu, ihn zu braten, und mit Andacht ißt er ihn auf.« Und es gab noch viel mehr Innere Stimmen als Kleist glaubte. Nicht jedem Christen wird zugerufen, seinem Feinde zu vergeben. Dem Papst Gregor I., zum Beispiel, schrie seine Innere Stimme zu – als die Langobarden anstürmten: »Verflucht der Mensch, der davon zurückschreckt, sein Schwert in Blut zu tauchen.« Es gibt so viel Innere Stimmen – wie es einmal Götter gab: in einer vom Monotheismus noch nicht vergewaltigten Welt.

Die Innere Stimme ist nicht göttlich und nicht natürlich – sondern eine gewaltige und gar nicht harmonische Polyphonie.

Sicherheit aber könnte nur sein, wenn der Einzelne und die Menschheit sich von einer Stimme vor allem führen lassen würden.

Egalité, Equality, Gleichheit

Es ist ganz nutzlos, die Akten der Menschheit immer wieder daraufhin durchzusehen: ob man nicht doch endlich *das* Gesetz, *den* Sinn findet. Man findet nur – viele Gesetze, viele sinnvolle Zusammenhänge.

Es war immer erfolgreich, irgendetwas, was einen frappierte, als das Wesentliche zu proklamieren: zum Beispiel die Sinnlosigkeit der Geschichte. Aber hinter solchen Proklamationen war immer: entweder die Herausarbeitung einer wahren, aber einseitigen Feststellung; oder die Anlockung von Kunden, die nun endlich die Lösung des Rätsels kaufen wollten; oder der Vorwand für einen Willen – dem man Anhänger wirbt, indem man zeigt: Es kann garnicht anders sein. Aber wozu der Vorwand? Wenn man einen großen Versuch einleiten will, so sage man es – und versuche nicht, sich auf Ungewisses zu stützen. Die Sicherheit kann nicht darin liegen, daß man versichert: Der Versuch wird sicher gelingen, muß gelingen. Die Sicherheit kann nur liegen – im Festhalten an dem Versuch, im Festhalten an dem Entschluß zum Versuch.

Der eindeutigste Entschluß, der in unserer Zeit sichtbar geworden ist, war jener: mit Hilfe einer mächtig organisierten Gruppe eine dauerhafte Hierarchie von Vergewaltigungen einzurichten. Und da nun dieser Entschluß zur Versklavung der Welt mit seinen Lockungen und mit seinem Abstoßenden die Phantasie der Zeitgenossen beherrscht, so ist er zum Typus jedes Entschlusses avanciert. Die Folgen sind begreiflich.

Wenn es heute irgendeine Einigkeit in der Welt gibt, so liegt sie in dem Entschluß, sich auf keinen Fall eindeutig zu entschließen. Die offene Verehrung der Halbheiten ist die große Religion der Zeit. Und nun kommt man sich ganz großartig dabei vor. Man identifiziert Hitler mit jedem Menschen und jeder Theorie, die an die Wurzel der Dinge geht – und sieht sich in seiner Halbheit geradezu als Freiheits-Kämpfer. Und da man so gedankenlos ist, sich gar nicht zu scheuen, Schnee und Feuer zu mischen – so propagiert man vergnügt erstens Toleranz und dann auch noch Sicherheit; ohne zu ahnen, daß Toleranz zur Diktatur nicht nur im Gegensatz steht, sondern auch noch im Verhältnis von Nährboden und Frucht.

Es gibt nun einen Entschluß, der in den enthusiastischen Halben noch mehr Widerstand auslöst als der Entschluß zur nackten Sklaven-Gesellschaft: das ist das Ansinnen, sich zu entschließen zu einem Leben – wie es zum Beispiel Lao-tse empfahl und dieser oder jener jüdische Prophet und Franziscus und einige sehr Zukunftswillige des Siebzehnten Jahrhunderts und einige amerikanische Experimentierer des Neunzehnten und viele andere berühmte und unberühmte Nummern einer sehr langen Liste. Man muß aber bei der Betrachtung dieser ebenso allgemeinen wie leidenschaftlichen Abwehr streng scheiden: zwischen dem geheimen Motiv, weshalb man eigentlich durchaus nicht diesen sonst so renommierten Herren folgen will – und was man als Argument gegen sie anführt. Wir kümmern uns zunächst nur um die Argumente.

Argumente sind selten etwas wert. Aber sie verbauen einem den Weg; man kann den von ihnen umzäunten Willen erst attackieren, wenn man den Argumenten-Zaun niedergerissen hat. Das Argument gegen eine Humanität, wie sie noch nicht existiert hat, lautet folgendermaßen: Der Mensch ist eine abgeschlossene Gattung, deren Grenzen sich in der Geschichte abgezeichnet haben. Zwar ist es möglich, daß die Gattung zum Tier degenerieren kann; die andere Richtung hingegen ist nicht offen. Der Mensch kann sich nie zu jenem Wesen entwickeln, von dem die Poeten stets geträumt haben. Vor diesem Dogma ist der Unterschied zwischen den (sogenannten realistischen) Menschenverächtern und den (sogenannten idealistischen) Enthusiasten der Entwicklung »von der orientalischen Sklaven-Gesellschaft bis zur europäischen Demokratie der Massen« recht gering.

Die aus der Gegenwart und Vergangenheit uns bekannte Gesellschaft beschrieb Platon mit einem einzigen Satz: Jede normale Stadt, wie klein sie auch sein möge, besteht tatsächlich aus zwei Städten: die Stadt der Armen und die Stadt der Reichen – und sie sind im Kampf miteinander. Der »Idealist« Platon, nicht der »Materialist« Marx ist der Entdecker des Klassenkampfes gewesen. Aber: Ist der Schluß von der Vergangenheit auf die Zukunft bindend? Mit Schlüssen ist, was die Zukunft angeht, nichts zu machen – nur mit Entschlüssen. Man muß allerdings Skeptiker genug sein, um eine ewige Gesellschaft aus Ur-Christen (metaphorisch gesprochen) für ebenso möglich zu halten wie eine gigantische Sklaven-Gesellschaft in alle Ewigkeit.

Und, man muß den intellektuellen Mut haben, vielleicht nur ein Träumer gewesen zu sein. Das Risiko, der durchhaltende

Mut wird die Grundlage jeder zukünftigen Sicherheit sein – oder es wird keine sein.

Von der Egalité zum Fair Play

Wer eine Gesellschaft oder eine gesellschaftliche Theorie oder eine gesellschaftliche Utopie verstehen will, dringt am tiefsten ein mit diesen Fragen: Wer ruft hier nach Gleichheit? Mit wem will er Gleichheit? In Bezug worauf will er Gleichheit? Mit wem will er keine Gleichheit? Die Frage nach der Gleichheit holt eindeutiger ihre Antworten heraus als die Frage nach der Freiheit.

Wer wollte jene Gleichheit, die in der Englischen Revolution von 1688 und in der Amerikanischen Revolution von 1776 und in der Französischen Revolution von 1789 Wirklichkeit zu werden begann? Jeder unterhalb des Hofs, des Adels und der Hohen Geistlichkeit – um mit einem Satz zu sagen, was eigentlich viele Sätze erforderte. Mit wem wollte er Gleichheit? Mit allen über ihm. In Bezug worauf wollte er Gleichheit? In Bezug auf viele materiellen und viele immateriellen Dinge, die übrigens nie recht zu trennen sind – zum Beispiel auch in Bezug auf den gleichen Wert des Familien-Namens, auf den gleichen Wert des Bluts, auf den gleichen Rang aller Neugeborenen. Man schrieb gegen den Mythos vom besseren Blut. Man schrieb gegen das Requisit des höheren Rangs, gegen das Roß als Sockel des Menschen. Blut und Roß spielen in den bürgerlichen Pamphleten gegen die Ungleichheit eine enorme Rolle. So heißt es bei Jefferson, zehn Tage vor seinem Tod: »Die allgemeine Verbreitung der wissenschaftlichen Aufklärung hat diese Wahrheit offenbart: Die Massen sind nicht mit Sätteln auf dem Rücken geboren; und ein paar Privilegierte sind nicht gestiefelt und gesporнt in die Welt gesetzt worden, um von Gottes Gnaden auf diesen Massen herumzureiten.« (»The general spread of the light of science has already laid open to every view the palpable truth that the mass of mankind has not been born with saddles on their backs, not a favored few booted and spurred ready to ride them legitimately by the grace of God.«) Und ein deutscher Bürger schrieb um dieselbe Zeit: »Der hochgeborene Kämpe sitzt auf seinem Turnier-Roß und behauptet fest die mittelalterliche Zote, daß durch adlige Zeugung ein besseres Blut entstehe als durch gemein-bürgerliche Zeugung, er verteidigt die Geburts-Privilegien, das Vorzugs-Recht bei einträglichen Hof-, Gesandtschafts- und Waffen-Ämtern, wobei man den Adligen dafür belohnen soll, daß er sich die große Mühe gegeben hat, geboren zu werden.« Das alles ist bereits Historie.

Was dann kam, ist noch Gegenwart. Mit wem wollte der Bürger keine Gleichheit? Mit dem, der weniger besitzt – mit dem, der weniger gilt, was nicht unter allen Umständen dasselbe ist. Die Ungleichheit, gegen die der Bürger focht, war eines Tages ausgeglichen. Die Ungleichheit, für die der Bürger focht, mußte mit immer größeren organisatorischen und ideologischen Anstrengungen verteidigt werden. Der Name war kein Privileg mehr. Der namenlose Besitz war das neue Privileg. Die Überlegenheit symbolisierte sich nicht mehr im Blauen Blut – sondern im Erfolg, der ohne Farbe ist, und im Direktor-Sessel. Es gibt eine feudale und eine bürgerliche Attacke auf die Egalité, die Equality, die Gleichheit: sie ähneln einander wie ein Ei dem andern.

Im feudalen Deutschland schrieb der rheinische Schriftsteller Joseph Görres gegen die bürgerliche Gleichheit der Französischen Revolution, wie sie Napoleon durchgesetzt hatte: »Alle, Inder und Perser und Türken und Neuseeländer werden Präfekten und Unter-Präfekten bekommen und den Code und die Zensur ... Sie haben das kleinste Maß vom Menschen als Grundmaß genommen: alles, um was andere größer sind, wird abgehauen.« Und im bürgerlichen Amerika ließ, am Ende des letzten Jahrhunderts, Bellamy in seinem Roman *The Duke of Stockbridge* einen Bürger folgendes sagen, er spielte an auf Shays Rebellion: »Ich meine, niemand kann leugnen, daß wir in dem Wirrwarr unserer Tage die ersten Früchte jener pestartigen

Vorstellungen von Gleichheit haben, die im Unabhängigkeits-Krieg immer wieder aus gewissen Kreisen in unsere Ohren drangen. Ich wünschte, Herr Jefferson und einige seiner Genossen in demokratischer Rhetorik sollten im letzten Winter hier mit angesehen haben, wohin ihre Predigten geführt haben.« (»I think none can deny seeing in these late troubles the first fruits of those pestilent notions of equality whereof he heard so much from certain quarters during the late war of independence. I would that Mr. Jefferson and some of the other writers of disturbing democratic rhetoric might have been here in the State the past winter, to see the outcome of their preaching.«) Übrigens war die Equality nie so berühmt wie die Egalité – weil es in Amerika an Prinzen und Fürsten fehlte, weil das Roß hier nicht das Symbol des Ritters, sondern des Cowboys war; und weil das Blut hier so scheckig schillerte, daß man ihm keine privilegierte Farbe zuschreiben konnte. Die Equality war hier nicht in einer vorbürgerlichen Zeit auf die Fahne geschrieben worden, weil es diese Zeit nicht gab. So brauchte man dann nachher nicht mit so viel Aufwand diese Fahne zu verbrennen.

Die Menschen gleichen einander nicht, fanden also die Bürger heraus – nachdem sie so lange Egalité geschrieen und praktiziert hatten, bis der Adel im Aussterben war; jeder Versuch, die Menschen zu behandeln, als wären sie gleich, ist wider die Natur. Und man wies mit großem Pomp nach, daß Menschen, welche fünf Fuß acht sind, nicht dieselben Anzüge tragen können wie Menschen, die nur fünf Fuß drei sind. Auch wies man diese Fuß-Differenz im Seelischen nach – weshalb, wie Jeder einsehen muß, ein Bankdirektor mit Hochschul-Bildung nicht seinen Laufjungen zu einer Gesellschaft einladen kann. Die, welche die Ungleichheit zwischen Männern und Frauen, zwischen Alten und Jungen, zwischen Engländern und Hottentotten bewiesen, brauchten sich nie mehr sehr in Unkosten zu stürzen. Nur war den Bürgern alles nicht eingefallen zu einer Zeit – als sie Adlige und Kardinäle für Kreaturen erklärten, die auch nur von einem sterblichen Weibe geboren sind.

Diese Anwälte einer natürlichen Ungleichheit der Menschen

haben nun ihr bestes Feld dort, wo die Großen Menschen wachsen. Einstein und daneben ein Dorf-Trottel – wen dies frappante Bild natürlicher Ungleichheit nicht überzeugt, ist selbst ein Trottel oder, was viel gefährlicher ist, ein Schwärmer.

Soviel man weiß, ging es den Großen Menschen nie sehr großartig. Sie laborierten meist an großen Leiden: an Einsamkeit und auch an dem Schmerz, ihre Mitmenschen nicht retten zu können. Auch wurde der Große Mann von den weniger großen Männern in der Regel verbrannt oder aus dem Lande heraus gejagt oder in der Heimat ausgehungert oder auf humanere Weise gequält – und erst nach dem Tode geliebt. Dann allerdings beschäftigte der tote Löwe die Phantasie der zurückgebliebenen Fliegen ganz enorm. Stammte er von den Göttern? Oder vom Teufel? Oder war die Schilddrüse da im Spiel? Oder hat er mehr Glück in die Welt gebracht oder mehr Unglück?

Das sind Doktor-Fragen. Was würde man sehen ohne die Augen großer Maler? Was würde man hören ohne die Ohren der großen Musikanten? Aber sie raubten auch den Kleineren noch ihr bißchen Kraft. Sie zwangen ihnen Augen und Ohren und Gehirne auf, so daß sie überhaupt kein eigenes Leben mehr hatten. Vielleicht hätte mancher schlichte Mann einen eigenen kleinen Gedanken im Kopf und ein eigenes kleines Wort im Mund, wenn Platon ihm nicht so viel vorgedacht und Goethe so viel vorgedichtet hätte. Es ist sehr schwer, den Nutzen und den Schaden, der von den großen Männern gekommen ist, gegeneinander abzuwägen.

Neben den großen Männern gibt es auch noch die mächtigen Männer: Kaiser und Großgrundbesitzer, Generäle und Bankiers. Die Mächtigen sind dichter gesät als die Großen – und nur selten einsam; denn die Macht lockt alle Machtlosen an und hat stets Gesellschaft. Auch enden die irdischen Götter nur ausnahmsweise einmal auf dem Scheiterhaufen; in der Regel aber im Ehren-Grab, auf Kosten der Nation. Überhaupt pflegen sie, im Gegensatz zu den Großen, mehr zu kosten als einzubringen; und fahren sie wirklich einmal ins Exil, so nehmen sie Perlen mit oder den Segen der Heimat in Gold. Die Mächtigen gehen eher auf und eher unter als die andern, die nur groß sind; Nero hat die Zeitgenossen bewegt, Seneca mehr die zweitausend Jahre nach ihm. So hätten die Großen und die Mächtigen nur wenig miteinander zu tun – wenn nicht die Mächtigen auch noch mächtig genug wären, groß zu erscheinen. Infolgedessen gibt es außer den Großen Männern, die nur groß sind, auch noch große Männer, die nur mächtig sind.

Im Neunzehnten Jahrhundert waren die Priester der Macht in großer Verwirrung. Der Glaube an Gott, der die Macht einsetzt, war schwer erschüttert – und mit ihm der Glaube an seine Stellvertreter auf Erden. Wer von Gottes Gnaden ist, braucht kein Genie zu sein. Mit Gott aber verflüchtigte sich auch seine Gnade. Der Zuschuß, der die Macht des Mächtigen weiht, muß von woanders herkommen als vom Himmel hoch.

In diesem Moment trat der Genie-Kult als Retter auf den Plan. Mächtig war er emporgeschossen. Die Überfüllung der Städte und die Vermassung des Städters hatte die Sehnsucht nach dem großen Einzelnen geweckt. Die stärkste Gebärde des Widerwillens gegen das Zeitalter der gesichtslosen Masse fand Nietzsche: ihm war nur eine ganze Kultur gerade gut genug, einen Großen Mann hervorzubringen. Monotheismus und Monarchismus hatten ihre Auferstehung im Kult der Großen Männer. Die Monarchen selbst, ihres Gottesgnadentums nicht mehr recht sicher, erhöhten das Ansehen der illegitimen Nachfolger, da nichts übrig blieb, als sich wenigstens diesen bescheidenen Glanz einer glanzlosen Epoche zu sichern. Kaiser Wilhelm II. stellte den Jüdischen Propheten, den Christlichen Erlöser, den Deutschen Kaiser und die Großen Männer in eine einzige heilige Front; dem Christus und dem Goethe, dem Kant und dem hochseligen Herrn Vater war die Weisheit in gleicher Weise offenbart worden. Götter, Kaiser und Genies verschmolzen in eine einzige Transzendenz und beschenkten einander mit ihren Attributen. Die Großen wurden Maler von Gottes Gnaden oder Kaiser im Reiche der Poesie und ernteten caesarische Ehren; als der Zug mit dem toten Richard Wagner an einem jungen Grafen vorbeifuhr, salutierte der Mann wie ein junger Offizier vor der Leiche seines Königs. Und die Monarchen, später: alle Erfolgreichen – wurden Groß. In einer Zeit, in der selbst der Preuße nur noch auf dem Umweg über das Parlament sein Geoffenbartes in die Praxis umsetzen durfte, wurde der von seinem Gott und seinen Theologen verlassene, konstitutionelle Souverän neu aufpoliert als Genie. Wer sich jetzt vor irgendeinem Autokraten nicht beugte, war ein armseliger Barbar; denn einen »traurigeren Beweis von seiner Kleinheit kann niemand geben als Unglauben an große Menschen«. Also hat es Carlyle gesagt.

Der »Unglaube an große Menschen« – an Herrscher, Päpste, Wirtschafts-Führer, Bestseller und andere Rekord-Schläger: wurde zur verachtenswertesten Perversion; zum Frevel an einer Natur, die viele Kleine schafft und wenige Große – viele Steine und wenige Edelsteine, viel Unkraut und wenig Orchideen, viele Boxer und Philosophen und nur Wenige, die alle andern niedergeboxt haben. – Sieht man genau hin: es ist die Seltenheit, welche die »Größe« macht. Seltenheit ist eine ökonomische Kategorie.

Man ist sehr produktiv gewesen in Argumenten gegen die Egalité, die Equality und die Gleichheit. Sie ist also gegen die Natur, die, von allen kleineren Unterschieden abgesehen, solche Kluft aufreißt wie die zwischen den Großen und den Kleinen; sie ist ebenso gegen die Kultur. Und die armen Enthusiasten der Gleichheit dürfen sich nun aussuchen: ob sie sich mehr als Frevler an der Natur oder als Frevler an der Kultur schämen wollen.

Was hat die Kultur mit der Ungleichheit zu tun? Aus der natürlichen Ungleichheit stammt der Wettbewerb, sagt man; und das Resultat des Wettbewerbs macht die Ungleichheit noch ungleicher. Ohne Wettbewerb aber keine Kultur. Um das nun wieder zu beweisen, geht man gern in die Geschichte zurück – etwa in die Anfänge der Amerikanischen Historie. Da kamen, so wird berichtet, im Jahre 1620 diese Pilgrims nach Amerika. Ein Artikel ihrer ersten Konstitution sagte: daß sieben Jahre lang »aller Gewinn aus Handel und Verkehr und Arbeit und Fischerei oder irgendeiner anderen Tätigkeit zunächst einmal in der

Gemeinschafts-Kasse gesammelt wird«. (»All profits and benefits that are got by trade, traffic, trucking, working, fishing, or any other means of any persons or persons, remain in the common stock until the division.«) Und ein anderer Artikel sagte: »daß alle Angehörigen der Kolonie ihr Essen und ihr Trinken und ihre Kleider und überhaupt alles, was sie bekommen, aus dem Besitz der Kolonie erhalten«. (»That all such persons as are of this colony, are to have their meat, drink, apparel, and all provisions out of the common stock and goods of the same colony.«) Und das bewährte sich gar nicht, heißt es. Dann ging man zum Privat-Eigentum über. Und das bewährte sich sehr, heißt es. So zog der Gouverneur William Bradford in seiner *History of the Plymouth Plantation* aus dem Abenteuer folgende historische Lehre – und Viele schwören auf diese Lehren bis heute: »Die Lektion, die ihnen nach allem erteilt wurde – gottfürchtigen und braven Leuten, dürfte nur zur Genüge beweisen: daß Platon und einige andere Geister des Altertums zu Unrecht von der Aufhebung des Privat-Eigentums Glück und Blüte erwarteten; gerade als ob sie weiser wären als Gott.« (»The experience that was had in this common cause and condition, tried sundry years, and that amongst godly and sober men may well evince the vanity of that conceit of Plato and other ancients that the taking away of property, and bringing in community into a common wealth, would make them happy and flourishing; as if they were wiser than God.«)

Seitdem man sich angewöhnt hat, eine philosophische Behauptung wie das Axiom: ohne Konkurrenz keine Kultur – geschichtlich zu beweisen, ist das Dickicht der Irrtümer und Lügen fast undurchdringlich; denn Begabung für logische Zusammenhänge haben wenigstens Einige, historische Spezial-Kenntnisse auf allen Gebieten hat aber niemand. Diese Plymouth-Kolonie zum Beispiel war etwas ganz anderes als die Sätze ihres ersten Chronisten und der tausend Nachsprecher vermuten lassen. Diese Plymouth-Kolonie war nicht eine Gemeinde von Ur-Christen, sondern eine sehr harte Diktatur. Von den Männern wurde ein bestimmter Haar-Schnitt verlangt.

Frauen durften keine Stangen im Korsett tragen. Es gab eine Geheime Staats-Polizei, die eifrig spionierte. Ja, dies Unternehmen war so wenig eine Idylle aus Freunden, die alles miteinander teilten – daß sie, im Gegenteil, ein kapitalistisches Sklaven-Unternehmen ersten Ranges war. Es hatten nämlich siebzig Londoner Kaufleute siebentausend Pfund aufgebracht – und die Verzinsung war folgende: jeder Arbeiter über sechzehn Jahren war eine Aktie oder zehn Pfund wert; der Londoner Kaufmann, der hundert Pfund gegeben hatte, bekam aus der Gemeinschafts-Kasse so viel wie zehn Arbeiter. Wenn sich diese Plünderung nicht bewährte, so sagte das nichts gegen Platon, der außerdem noch mit irgend jemand anders verwechselt wird – und viel gegen die Methode, die den Pilgrims den Preis für ihre schwere Arbeit verweigerte.

Nun, man kann ein geschichtliches Beispiel preisgeben. Dann hat man immer noch jene großartige Theorie von der Faulheit des Menschen, aus der folgt: Würde man den Ansporn, der im Wettlauf liegt, entfernen, dann würde sich Jeder auf seinen Diwan legen – und wir fielen alle miteinander zurück in die Tage der ersten Höhlen. Wenn man den Menschen nicht einen lockenden Köder vor die Nase hält – will diese Philosophie, so denkt er nicht daran, sich anzustrengen. Nur Prämien bringen jene Steigerung der Leistung hervor, welche die Kultur vorwärts treibt. Ohne das Laufen um die Wette gibt es nichts als primitive Trieb-Befriedigung.

Fast jeder liebt es, zur Illustrierung seiner chronischen Faulheit, sich in die Schuljahre zurückzuversetzen, in denen er verlockt war – oder gar sich verlocken ließ, um die Schule herumzugehen. Aber nur selten denkt einer wohl genau darüber nach, weshalb ihm so vor der Schule grauste. Weil er faul war? Weil die Schule ihn faul machte, ihn einschläferte, ihn lähmte – statt ihn in Schwung zu bringen. Was Faulheit genannt wird, ist in der Regel nichts als Resistenz gegen nackte Unterjochung. Gerade in der Faulheit manifestiert sich sehr oft der menschliche Funke, der Wille zum Schaffen.

Der Mensch, den wir kennen, ist nicht faul von Natur. Seine

Natur ist eher beschrieben in der Sentenz: Wer rastet, rostet. Die Faulheit hingegen ist ein gesellschaftliches Produkt: die Fabrikation von Zugtieren erzeugt Faulheit als Nebenprodukt. Wenn ein Mädchen, acht Stunden am Tag, als Verkäuferin von Klystieren sich nur sehr langsam vorwärts bewegt – dagegen wie ein Reh auf dem Tennisplatz herumjagt: ist sie dann von Natur faul? Jeder Faule hat seinen geheimen Fleiß – der nicht erst, um die Natur zu überlisten, mit Hilfe einer Prämie herausgestachelt zu werden braucht. Und wahrscheinlich werden die größten Anstrengungen der Menschheit nicht einmal durch Aussicht auf einen Preis-Pokal provoziert. – Aber da steckt etwas dahinter: daß die Natur sich in den Kopf gesetzt haben soll, Genies und Trottel zu schaffen; daß der Mensch durchaus von Natur faul sein soll; daß es ohne Wettbewerb unter keinen Umständen gehen soll; daß die Natur todsicher stillstehen würde, wenn der Philosoph nicht Aussichten hätte, Bestseller zu werden. Da steckt etwas dahinter. Was steckt dahinter? Die Kritiker der Egalité, Equality und Gleichheit brachten es selbst an den Tag.

Unter den Gleichheits-Schwärmern gab es immer viele begeisterte Schmarotzer. Ein alter Vers brachte diese alte Wahrheit in Reim:

> What is a Communist? One that hath yearnings
> For equal division of unequal earnings.
> Idler or bungler, or both, he is willing
> To fork out his penny and pocket your shilling.

Auch haben die Gleichen in ihrer Verworrenheit oft Karikaturen aus sich gemacht; da war es nie schwer, sie zu karikieren. Man denke nur an dieses Prokrustes-Bett: in dem die Zu-Langen abgeschnitten und die Zu-Kurzen gestreckt werden, bis sie hineinpassen. Sehr geistreich hat der große deutsche Satiriker Heinrich Heine die Gleichen lächerlich gemacht: »Die öde Werkeltagsgesinnung der modernen Puritaner, die sich über Europa wie eine graue Dämmerung von starrer Winterzeit verbreitet.« Und er schrieb über seinen Zeitgenossen Louis Blanc:

»Er selbst ist mäßig, scheint dem eigenen kleinen Körper keine Genüsse zu gönnen, und er will daher im Staate allgemeine Küchen-Gleichheit einführen, wo für uns alle dieselbe spartanische Suppe gekocht werden soll, und was noch schrecklicher, wo der Riese auch dieselbe Portion bekäme, deren sich Bruder Zwerg zu erfreuen hätte. Nein, dafür danke ich, neuer Lykurg!« Heine traf viele törichte Gleichheit-Spielereien und viele neidische Gleichheit-Wüstereien der Französischen Revolution und der Deutschen Revolutiönchen unvergeßlich:

> Strenge Gleichheit!
> Jeder Esel sei befugt zum höchsten Staatsamt,
> Und der Löwe soll dagegen
> Mit dem Sack zur Mühle traben!

Aber – wie weit eine Wahrheit wahr ist, hängt häufig davon ab: was man mit ihr durchsetzen möchte. Und Heine ließ gar nicht im Unklaren, weshalb er und Viele seit ihm so leidenschaftlich gegen die »allgemeine Küchengleichheit« sind. »Es ist wahr«, bekennt er übermütig, »wir sind alle Brüder, aber ich bin der große Bruder, und ihr seid die kleinen Brüder, und mir gebührt eine bedeutendere Portion.« So sprach er in herrlicher Unverfrorenheit aus, was an der Wurzel des bürgerlichen Kampfs zwischen dem bürgerlichen Riesen und den bürgerlichen Zwergen liegt: »Mir gebührt eine bedeutendere Portion.«

Das also steckt hinter dieser Weisheit von der Natürlichen Ungleichheit der Menschen und hinter diesem Preis der Großen Männer und hinter diesem Nachweis, daß ohne Wettbewerb die Kultur verfällt, und hinter dieser Theorie von dem Faultier Mensch. Es steckt dahinter, was ein großer Dichter mit schöner und unverschämter Schlichtheit verriet: »Mir gebührt eine bedeutendere Portion.« Denn, wenn sie mir nicht gebührt – weshalb habe ich sie denn, diese bedeutendere Portion? Vor dem Bürgertum fragte man so noch nicht. Da sagte man, viel unproblematischer: »Das also ist ewige, unabänderliche Ordnung Gottes, daß der Mächtigere herrsche, herrschen müsse und herrschen werde.« Der Bürger war zartbesaiteter. Hochgekommen mit dem Schlachtruf: »That all men are created equal« – mußte er die Ungleichheit im Anteil am Leben »geistig« rechtfertigen. Er mußte nachweisen, daß den Film-Stars in Hollywood und auch in den restlichen Teilen der Welt ihr Paradies – »gebührt«.

Nicht alle sprangen so vergnügt wie der leichtsinnige Heine über ein Ideal hinweg – für das sie selbst so heiß gestritten hatten. Manche betrauerten diese Ungleichheit – und bedichteten sie, mit düsterster Miene, als unaufhebbar. Diese Betrübten stützten sie nicht moralisch mit einem »Gebührt«, sondern metaphysisch mit einem »Fluch«, auf dem die Ungleichheit dann noch sicherer ruhte. Das sah so aus (etwa bei Gerhart Hauptmann): »Das drängt sich zur Einheit überall, und über uns liegt doch der Fluch der Zerstreuung.«

Und es gibt noch eine stärkere »geistige« Stütze der Ungleichheit im Anteil; sie ist kräftiger als das Gebühren und noch kräftiger als der Fluch. Sie ist in dem Bild vom gleichen Start – das zum Teil schon etwas Wirklichkeit geworden ist, zum Teil, als echtes Ideal, Wirklichkeit werden will; und zum Teil, eine wirksame Heuchelei, die Wirklichkeit verschleiert. Über allem aber ist der Gleiche Start eine Große Illusion – und war es schon zu einer Zeit, als es noch nicht so aussah: vor der Ära des Monopols. Illusionen haben viele Funktionen. Sie können zum Beispiel ein humanes Gewissen versöhnen mit dem unhumanen Leben des Menschen, in dem das Gewissen schlägt. So versöhnte jener berühmte Satz: daß jeder Soldat den Feldmarschall-Stab im Tornister trage – und jener andere Satz: daß jeder Streichholz-Verkäufer ein potentieller Industrie-Magnat sei – die blühende Ungleichheit mit der geheim ersehnten Gleichheit. Die Vorstellung: daß ein Gleicher Start praktisches Christentum sei – war zu etwas gut: sie verdeckte eine enorme Ungleichheit – durch Übertreibung jener winzigen Ungleichheit, die der Gleiche Start eingeebnet hatte oder einzuebnen strebte.

Selbst die hundert Mann, die in der bürgerlichen Welt wirklich von der gleichen gesellschaftlichen Linie loslaufen, sind herzlich ungleich. Der Eine ist trainiert auf eine zufällig eintretende Situation – der Andere nicht. Der Eine ist introvertiert, denkt beständig: Wozu? – der Andere ist extravertiert und denkt überhaupt nicht. Allerdings dürfen sie alle zu demselben Glanz hinlaufen: zur Präsidentschaft oder zum Direktor-Sessel. Hebt das aber die Tatsache auf, daß die Straße, auf der dieser Wettlauf stattfindet, mit Verunglückten übersät ist?

Übrigens gibt man dem Ideal der bürgerlichen Welt am besten den Namen: Gleiche Chance für alle. Sie ist am ehesten verwirklicht in den Glücksspielen, in denen der Zufall und nicht ein Falschspieler regiert. Das Fair Play, der unumschränkte, von keiner menschlichen Tücke (und keiner Menschlichkeit) eingeschränkte Zufall – ist der Heiland des Bürgertums.

Was ist in der Gesellschaft des Sozialismus geändert? Die hundert Mann, die hier von der gleichen gesellschaftlichen Linie loslaufen, sind leichter zu finden als in der bürgerlichen Gesellschaft; die Gesellschaft des Sozialismus ist – bis jetzt – homogener. Man kann auch in Rußland wohlhabend geboren werden: als Erbe von Geld und von Häusern und von gesellschaftlichen Beziehungen – aber nicht als Sohn eines Großgrundbesitzers oder eines Groß-Industriellen oder eines Rentiers oder einer Schicht, welche die gesellschaftliche Macht fest in den Händen hält. Und der Vorteil, als Privilegierter geboren zu werden, wird hier sehr eingeengt durch den leichten Zugang zu den Mitteln der Bildung – und durch jene radikale Nivellierung aller Ungleichheiten vor dem Nutzen der Gruppe, wie er gerade offiziell deklariert wird. – Um diese Gleichheit herstellen zu können, muß die Agentur, die dies Geschäft überwacht, sich sehr einmischen; mehr Gleichheit und weniger Freiheit ist das Gesetz aller Ordnungen, die wir kennen. Weniger Freiheit: das kann gut sein und das kann schlecht sein. In der Gesellschaft der Sozialisten gibt es weniger Freiheit für Freibeuter – und weniger Freiheit für Philosophen und Poeten, die nicht ihren Nutzen vor der Selbstsucht der Gruppe beweisen können. Deshalb ist es in Ordnung, daß Männer wie André Gide ihre Existenz für unvereinbar halten mit einer offiziellen Religion, einer offiziellen Philosophie und einer offiziellen Ästhetik; sie können eher in einer Gesellschaft von Gangster-Banden schaffen.

Aber die Gleichheit hat, auch in der Gesellschaft der Sozialisten, ihre sehr enge Grenze. Freunde und Feinde dieser Gesellschaft pflegen zu sehr auf den Gegensatz zur bürgerlichen Welt zu starren – und zu wenig das schlechte Gemeinsame zu sehen, das sie verbindet: die Verherrlichung des Wettbewerbs. Nietzsche hat ihn als Agon gepriesen, in Anlehnung an die Antike. Der Agon der weniger klassisch gebildeten Sowjet-Russen war die Stachanow-Bewegung. Daß auch in Rußland der Rekord das Maß für den Anteil des Einzelnen ist, verbindet den russischen Sozialismus viel mehr mit dem amerikanischen Kapitalismus – als irgendetwas anderes sie trennt. Begabung und Fleiß, die vielleicht unter der Herrschaft des Gruppen-Nutzens ein engeres Wirkungs-Feld haben, sind hier wie dort der Schlüssel zur Verteilung der Güter. Unbegabtheit und Faulheit sind hier wie dort die größten Unwerte. Der Erfolg ist hier wie dort der Maßstab. Daß der Einzelne erhalten soll, was ihm nach seinem Erfolg »gebührt«: ist der Inhalt der bürgerlichen wie der sozialistischen Moral. Rußland ist ein Pionier in der Verwirklichung echter bürgerlicher Ideale.

Es geht über sie nicht hinaus. Man läßt ein Fabrik-Mädchen, das eine große Stimme hat, auf Staatskosten ausbilden. Das ist nicht ein Sonderfall, sondern die Regel. Wahrscheinlich gehen im sozialistischen Staat (der Gruppe) weniger nützliche Begabungen verloren als in anderen Staaten. Die Förderung im Interesse des Gruppen-Nutzens ist hier nicht nur ein Ideal. Aber es bleibt unhuman, einen Menschen dem Nutzen zu unterwerfen. Und diese Unhumanität kommt heraus in der Ungleichheits-Moral des Sozialismus.

Es ist ein Natur-Privileg, mit einer großen Stimme geboren zu werden. Erkennt man es als Maßstab an, was dem Wesen mit der großen Stimme gebührt, so kann es ein einträglicheres Privileg sein – als zum Beispiel im Bette einer Millionärin zur Welt gekommen zu sein. Weshalb aber ist es gerechter, auf Grund der angeborenen Stimmbänder eine Riesen-Portion zu bekommen – als auf Grund eines ererbten Kapitals? Es ist nicht mehr Verdienst, mit Anlagen zur Welt zu kommen – als in Anlagen hineingeboren zu werden. Die Blindheit der Natur ist dieselbe in der Zuerteilung von Vererbungen wie in der Zuerteilung von Erbschaften. Liegt Ungerechtigkeit darin, daß ein Bankiers-Sohn besser lebt als ein Arbeiter-Sohn – aber keine darin, daß die starken Stimmbänder besser leben als die schwachen?

Jedem das Seine: das war immer das Motto der Ungerechtigkeit. Was gebührt eigentlich Jedem? Die Natur schafft siamesische Zwillinge, Riesen, Leute, die mit ihren über-großen Händen mehr als eine Oktave greifen können, Genies, kleinere Portionen davon und Schlehmils. Und was die Natur in ihrer Blindheit nicht tut, vollendet der Zufall. Ob aber die Blinden ein absolutes Gehör verschenken oder eine Kaiserliche Wiege – das Unrecht liegt immer bei einer Gesellschaft, die Konsequenzen daraus zieht.

Wenn man mit der Begabung als Maß des Gebührens nicht zurandekommt, greift man gern zum Fleiß, der noch mehr nach persönlichem Verdienst riecht. Aber – was ist Fleiß? Die Natur – von Gesellschaft garnicht zu reden – schafft auch müde Menschen und springlebendige; die müden werden faul genannt, die vitaleren fleißig. Was man Faulheit nennt, läßt sich meistens viel exakter in der Ziffer des Metabolismus ausdrücken. Begabung und Fleiß sind von derselben Qualität wie starke Muskeln: die anonyme Natur oder das ebenso anonyme Leben verleihen sie. Und die starken Muskeln leisteten in primitiveren Gesellschaften als Gradmesser des Gebührens – was heute, in der sozialistischen Gesellschaft, Begabung und Fleiß leisten. Es ist das Recht der Stärkeren – im feinsten Gewande, das auch die Gesellschaft der Sozialisten beherrscht. Was früher Stärke hieß, heißt nun Tüchtigkeit, Leistung. Worte hypnotisieren. Wer aber aufwacht, wird die schlichte Wahrheit finden: Selbst wenn das Ideal des Sozialismus voll verwirklicht würde – eine Gesellschaft, ausschließlich errichtet nach dem Prinzip des Verdienstes – sie wäre eine ungerechte Gesellschaft, eine Dschungel-Ordnung, wie nur irgendeine vor ihr. Die Blindheit der Natur wäre hier – zugegeben: unter Ausschluß irgendeiner gemeinen Vernunft – staatlich sanktioniert.

Es sind viele Menschen in den letzten Jahrzehnten nach Osten gefahren. Sie erwarteten, Neue Menschen zu finden – sie kamen enttäuscht zurück. Der Fehler lag bei den Enttäuschten, nicht bei den Sozialisten. Jede Gesellschaft des Wettbewerbs, auch die sozialistische, muß alle menschlichen Eigenschaften produzieren, die mit der Ungerechtigkeit zusammenhängen: daß die starken Muskeln oder die sublimere Vitalität, oder die noch sublimere geistige Anlage zum Maßstab der Verteilung gemacht wird.

Jeder Wettbewerb, mit einer Prämie am Ende, bringt dieselbe seelische Flora hervor. Das Ich ist ein Krüppel: eine armierte Schranke, mit Waffen für den Angriff und die Verteidigung – als eine Beschränktheit. Der Seelen-Zustand der zum Kampf Verurteilten ist das Mißtrauen. Sie sind alle schon besiegt, bevor der Kampf überhaupt beginnt. Der eitle Größenwahn ist die Deformation des Siegers. Der Neid, das Minderwertigkeits-Gefühl, der Selbst-Haß ist die Deformation des Unterlegenen. Er produziert bisweilen auch Genie-Anbetung; einige flüchten in die Helden-Verehrung, um dem Neid und dem Selbst-Haß zu entgehen, den jeder Wettbewerb hervorbringen muß – und gegen den man so wenig predigen kann wie gegen die roten Flecken, die der Scharlach mit sich bringt. Wenn man den Neben-Menschen zum Gott aufdonnert, kann man vielleicht neidlos ertragen, daß er im Paradies lebt und Früchte genießt, nach denen man selbst hungrig ist.

Selbst die Bedeutenden nicht bevorzugen!

Man muß über die erhabensten, ausschweifendsten, vom Alltag am weitesten sich fort-wagenden Sehnsüchte des Menschen mit der kühlsten Besonnenheit sprechen; sie wurden zu oft die Beute von Schwarmgeistern. So kamen die tiefsten Einsichten und die unabwendbarsten Wünsche in den Ruf, nichts als Ausgeburten von Besoffenen zu sein – zumal man immer ein Interesse daran hatte, diese Einsichten und Wünsche in Verruf zu bringen. Übrigens bekam das Wort »Trunkenheit« in diesem Zusammenhang seinen noblen Duft; man trifft es seitdem in der poetischsten Gesellschaft.

Einer, der trunken ist, ist ein Mensch, der zwar (erstens) leicht stolpert – aber auch (zweitens) den häßlichen Alltag weggenebelt hat. Man trifft solch trunkenes Volk in Kneipen und unter Träumern. Und man pflegte nun die, welche – vielleicht! die einzige Realität des Menschen erschauten, nach dem stolpernden und seligen Zustand von Alkoholikern und Phantasten zu benennen. Und selbst, wenn man sie als die Idealisten verherrlichte, billigte man dem Ideal nie jenen Ernst zu, den man jedem gerade in Blüte befindlichen Montag bereitwilligst gewährte.

Über den Alltag gibt es keine Meinungs-Verschiedenheiten zwischen den Menschen, die sich Realisten – und den anderen Menschen, die sich Idealisten titulieren lassen. Sie alle haben ein starkes Gefühl von dem Hintermann, der sie überholen will, und von dem Vordermann, der sich nicht überholen lassen will; oder sie fühlen sich, mitten im Wettlauf, eingefroren – ein Alptraum von Wettlauf. Vor diesem tiefsten Wissen sind alle Gespräche über Gleichheit – Säuglings-Gequak. Und der Unterschied ist nur, daß die Idealisten sich etwas Baby Talk leisten.

Aber der Wettbewerb, der lebendige oder der versteinerte, ist nicht die einzige Erfahrung – wenn auch diese Erfahrung der mächtigste Schöpfer des Ich ist. Die großen Katastrophen: Börsen-Paniken, Erdbeben und Krebs sehen ihren Mann nicht an – und lehren ihn damit viel über die Lehre vom Großen und Kleinen Bruder und mit dem Gebühren der bedeutenderen Portion. Der Große, der eben noch eine feste Burg war, hat plötzlich nichts mehr um sich als diesen schweigsamen, verschlossenen Himmel – und unter ihm nicht mehr ein Ich, dem etwas gebührt. Und dieses selbe Ich wird auch von den großen Glückseligkeiten weggeschwemmt. Sie machen aus einem kleinen armierten Kamp die weite unarmierte Menschheit.

Und übrigens haben viele Wissende, von Lao-tse bis Paul Valéry, gegen die Nichtigkeit dieser kleinen armierten Kamps und gegen ihre Unmenschlichkeit geschrieben. Lao-tse gab den

Rat, der nicht nur gegen alle Wirklichkeiten, sondern auch fast gegen alle Ideale der Jahrtausende gerichtet war: selbst »die Bedeutenden nicht bevorzugen, so verhütet man, daß die Leute streiten«. Sophokles wußte:

> Auf Gleichheit gründen sich Gesetz und Recht,
> Doch Mehr und Minder sind einander feind
> Und liegen jeden Tag in neuem Kampf.

Mencius, der weiser war als Carlyle, fand: die Weisen sind auch nur Menschen. Gerhart Hauptmann, der nicht auf der Höhe seines Wissens leben konnte, schrieb: »Was trennt, ist Irrtum, Irrtum, der allein den Haß entfesselt, ist Unwissenheit, ist nackte Not des Hungers.« Und Paul Valéry gab dieses Bild vom Menschen: »Menschsein heißt: ahnen, daß die ganze Menschheit ein bißchen in jedem Einzelnen ist und jeder Einzelne ist ein bißchen in jedem andern Einzelnen. Der Delinquent ist auch etwas in dem Henker und der Gläubige ist auch etwas in dem, der keinen Gott hat.« (»Etre humain, c'est sentir vaguement qu'il y a de tous dans chacun, et de chacun dans tous. Il y a de la victime dans le bourreau et du bourreau dans la victime, du croyant dans l'incroyant.«)

Viele Wege führten zu der uralten einfachen Einsicht: daß man nicht einmal die Bedeutenden bevorzugen soll. Man fragte: »Was ist der Mensch, daß Du sein gedenkst?« – und alle Unterschiede verschwinden in der gemeinsamen Winzigkeit. Aber es ist nicht nur der Blick auf die Gleichheit im Elend gewesen, der zur Erkenntnis führte, daß im Vorziehen und Sich-Hervortun die Quelle aller Übel liegt. Oft ist es gerade der Enthusiasmus für den menschlichen Schöpfer gewesen, der gegen die unerträgliche Ungleichheit im Anteil am Leben rebellierte.

Allerdings haben alle Religionen und alle Aufklärungen – wieviel von der Einsicht: daß nur die »nackte Not des Hungers« trennt – auch in ihnen war – immer wieder die Rechtfertigung irgendeiner Rangordnung (einer gerade herrschenden oder einer gerade sich durchsetzenden) in ihr System eingebaut. Schließlich mußten auch Religionen und Philosophien der Privilegien-Gesellschaft, in der sie entstanden, verkauft werden. Deshalb waren die Juden (abgesehen davon, daß es nur einen einzigen Gott gab – und infolgedessen eine einzige Menschheit) das Auserwählte Volk dieses Gottes. Deshalb war Jesus (abgesehen davon, daß alle Menschen gleich vor Gott sind) ein Auserwählter Mensch, geradezu der Sohn Gottes. Deshalb unterschied Calvin (abgesehen davon, daß er ein Christ war) zwischen Begnadeten und Nicht-Begnadeten. Deshalb gibt es auch bei Thomas Morus Bürger und Sklaven, welche die unangenehmen, dreckigen Arbeiten verrichten – abgesehen davon, daß er erkannt hatte: die Reichen verschmähen kein Mittel, alles festzuhalten, was sie auf unlautere Weise an sich gebracht haben; sie beuten die Armen aus und erheben ihre Methode zum Gesetz. Und Hegel verteilte (abgesehen davon, daß er der Einebner der Ungleichheit von Kulturen und von Einzelnen vor der Welt-Vernunft war) Prämien an jene Völker und jene Einzelnen, die den Welt-Geist repräsentierten. Es gab keine Religion und keine Philosophie ohne eine göttliche oder natürliche oder vernünftige Rangordnung.

Aber es schlug auch immer wieder die Ahnung von der Künstlichkeit dieser Rangordnung durch – und sogar bei Nietzsche heißt es: Niemand verdient sein Glück, niemand sein Unglück; obwohl gerade er, aus Ekel vor der bürgerlichen Plebs, sich ganz aristokratisch aufspielte – mit »Herrenmensch« und ähnlich feudalen Vokabeln. Die Ahnung von der Unwahrheit und Ungerechtigkeit aller Rangordnungen ist die jüngste, wie sie die älteste ist. Im Anschluß an Bellamys *Looking backward* entstand in Amerika eine Bewegung, die sich in Clubs organisierte. Einer von ihnen, der ›Nationalist Club‹ in Boston, gab am 9. November 1889 die Erklärung heraus: das Prinzip des Wettbewerbs ist die Anwendung des Bestien-Gesetzes von dem Überleben des Stärksten und Schlausten. Und genau dasselbe sagte, einige Jahrtausende früher, Lao-tse:

Der Grund, warum ich großes Übel erfahre, ist,
daß ich ein Ich habe.
Wenn ich kein Ich habe,
welches Übel gibt es dann noch?

Das Ich hat keinen Rang – nicht gemäß dem besseren Blut, nicht gemäß dem größeren Besitz, nicht gemäß dem größeren Erfolg, nicht gemäß der größeren Nützlichkeit für seine Gruppe – nicht einmal gemäß der größeren Nützlichkeit für alle Gruppen. Die Sterblichkeit der Kulturen liegt in der Vergänglichkeit der Rangordnungen. Die Sterblichkeit des Ich liegt in der Vergänglichkeit seiner Kampf-Position. Wir kennen nur das Ich, das auf der Strecke irgendeines Wettlaufs geschaffen worden ist, oder von einer Gesellschaft, die das Resultat eines solchen Wettlaufs gewesen ist. Das ist jenes Ich, von dem Lao-tse sagt, daß alles Übel in ihm liegt.

Mit diesem Ich als Atom der Menschheit ist jedes Gerede von Sicherheit nichts als Gerede. Gesellschaftliche Sicherheit, das ist eine der ältesten Einsichten, kann nur auf dem Boden der Gerechtigkeit existieren. Diesen Satz hat man sogar in den Vertrag von Versailles übernommen: Dauernder Frieden ruht auf Gerechtigkeit. Jede Gesellschaft des Wettbewerbs hatte ihre spezifische Ungerechtigkeit.

Übrigens ist hier von Gerechtigkeit die Rede – nicht von Liebe. Mit dem Aufruf zur Liebe mitten im Wettlauf hat man das Ernsteste den Schwarmgeistern und Betrügern ausgeliefert. Denn: Wie liebe ich mich selbst? Mit einer sehr ausschließlichen Liebe. Ich kann aber ebenso wenig für meine Mitmenschen – selbstsüchtig sein, wie ich mit mir selbst Schach spielen kann. Ich kann in meine Selbstsucht, in meine bewaffnete Burg meine Familie oder meinen Gang mit hinein nehmen. Aber die Grund-Situation bleibt dieselbe. Mit einem Ich, das im wesentlichen eine Position in einem Wettbewerb darstellt, und als solche Position leben muß, kann ich nur ausnahmsweise lieben. »Liebe Deinen Nächsten wie Dich selbst« – ist eine Aufforderung zum Selbstmord, den man unter besonderen Umständen, wenn der Selbstmörder sich den Torturen vor dem Tod nicht entzieht, Märtyrertum nennt.

Die uralte, einfache, gewaltige Einsicht: daß es keine Gerechtigkeit (und deshalb auch keine Sicherheit) geben kann, solange man irgendeine Rangordnung Gerechtigkeit nennt – wird gern überdeckt von einer metaphysischen Frage und einer politischen und einer dritten, die nur schwer zu katalogisieren ist.

Die erste Frage lautet: Ist die Natur des Menschen so, daß man mit ihm als Grundstein die Gerechtigkeit errichten kann? Und wenn seine Natur so ist – lautet die zweite Frage: Wie sieht die Politik aus, mit deren Hilfe jene Ichs, die der Grund sind, daß wir so große Übel erfahren – umgewandelt werden? Und wenn diese Politik gewagt ist, eine lebensgefährliche Operation – lautet die dritte Frage: Setzt man dabei nicht die Existenz der Menschheit aufs Spiel?

Über die Natur des Menschen wissen wir, wie wir wissen, so viel, daß es schwer ist, sich zu entscheiden: was diese Natur nun eigentlich ist. Sie scheint, dazu, neben allen ihren Offenbarungen, die wir kennen, sich auch noch damit abzuquälen, etwas ans Licht zu bringen, was nicht recht heraus kommt. Das ist außerordentlich schön offenbart in dem Sätzchen des französischen Poeten Paul Valéry: »Im Menschen will sich das Unmögliche durchsetzen gegen das Bestehende.« (»Par le moyen de l'homme, l'impossible presse sur le réel.«) Was ist die Natur des Menschen? Da wir der Unverschämten Vernunft nicht trauen, beruhigen wir uns weder bei dem von ihr entdeckten Welt-Mechanismus, der unsern Wunsch am Ende befriedigen – muß – noch beruhigen wir uns bei dem ebenso Unverschämten Irrationalismus und seinem Geschwätz von der Sinnlosigkeit. Ist die Natur des Menschen so, daß man mit ihm als Grundstein eine Gesellschaft ohne Wettbewerb machen kann? Vielleicht!

Auf welchem politischen Weg – Vielleicht? Es sind viele Experimente unternommen worden: von Platons Versuch in Sizilien, den mächtigsten Diktator der Antike in den Gründer einer gerechten Ordnung zu verwandeln, bis zu den amerikanischen Experimentierern des Neunzehnten Jahrhunderts und bis zu Lenins gewaltiger Anstrengung im Zwanzigsten. Wenn man zu dem Ergebnis kommen sollte, daß alle Experimente gescheitert sind – so sagt das noch nichts über die Lösbarkeit oder Unlösbarkeit der Aufgabe.

Ist dieses ganze Unternehmen nicht lebensgefährlich – für das Menschengeschlecht? Der römische Geschichtsschreiber Livius schrieb von seinen Zeitgenossen: »In unseren Zeiten können wir weder unsere Fehler noch die Mittel gegen dieselben ertragen.« Das ist das Treffendste, das man von der Gegenwart sagen kann. Alle ahnen, es muß ein entscheidender Eingriff gemacht werden, wenn man die ganze Gattung retten will. Und alle Fragen sind ängstlich, mit Stendhals Held, Julian Sorel: »Soll der Mensch, der die Dummheit und das Verbrechen vertilgen will, wie ein Sturmwetter daherbrausen und Unheil anrichten, wie es gerade kommt?« Die Antwort auf diese Frage lautet: Wem an der Erhaltung der Menschheit mehr liegt als an der Erfüllung der Menschlichkeit, soll Kinder produzieren – und nicht experimentieren. Gerechtigkeit, Sicherheit herzustellen – ist das unsicherste Unternehmen, auf das einer sich einlassen kann.

Es gibt Leute, die es nicht lassen können, gerade dies zu ihrem Geschäft zu machen. Einer von ihnen sagte: »Wenn die Gerechtigkeit untergeht, so hat es keinen Wert mehr, daß Menschen auf Erden leben.« Und einige Liebhaber dieses Satzes wenden ihn sogar so: Wenn die Gerechtigkeit nicht doch noch entstehen sollte, so hat es keinen Wert, daß Menschen auf Erden leben ...

Du sollst nicht lügen

Einleitung

Die Gebote kommen ganz gewiß vom Himmel hoch, nur machte der Teufel immer das Meiste aus ihnen.

Es geben sich in diesen Jahren wohl nicht Viele mit dem »Frieden auf Erden« ab.

Die Skepsis hat mit dem Trug auch den Glanz entzaubert, der sich immer wieder als trügerisch erwiesen hat. Und die ganz Frommen, falls es sie noch geben sollte in irgendeiner Ecke der Welt, meinen: Es ist Gottes Geschäft und nicht unseres, mit der üblichen Welt-Geschichte Schluß zu machen.

Daneben gibt es nur Wenige, die sich weder auf die Skepsis noch auf einen Gott verlassen – und von diesem »Frieden auf Erden« beunruhigt werden, obwohl er weit und breit nicht zu sehen ist. Sie denken: Er ist das einzig ernsthafte Geschäft des Menschen – neben dem Vorweg-Kosten dieses Friedens, wo es nur möglich ist.

Wie gehen die Wenigen an das Geschäft heran? Der englische Schriftsteller Aldous Huxley schreibt: »Die Menschen-Gesellschaft kann nicht wesentlich besser werden, bis nicht die Meisten sich entschlossen haben, heilig zu werden.« (»Society can never be greatly improved, until such time as most of its members choose to become theocentric saints.«)

Vielleicht hätte er nicht sagen sollen: die Meisten – sondern die, welche das Heft in den Händen halten; denn auf sie kommt es an. Aber würde nicht dann der unheilige Rest die Kommando-Höhen besetzen – und nichts wäre geändert? Vielleicht hätte er also sagen sollen: Die Menschen-Gesellschaft könne nicht wesentlich besser werden, bis nicht alle sich entschlossen haben – das Um-die-Wette-geboren-werden und Um-die-Wette-laufen aufzugeben und so die Ära des »Friedens auf Erden« einzuleiten. Und das wäre natürlich bei weitem das Beste.

Das Rezept, den Menschen zu einer solchen Wahl zu bringen,

lag schon immer in den großen Beschwörungen »Du sollst« – »Du sollst nicht«. Sie sind der älteste Angriff auf ein Zusammen-Leben, das noch niemand recht gefallen hat – nicht einmal denen, die den größten Gewinn aus ihm zogen. Und diese »Du sollst« – »Du sollst nicht« sind auch der jüngste Angriff, der jeden Tag von den Kanzeln und Kanzeleien aus (zynischer oder närrischer) wiederholt wird.

Diese Gebote haben die Welt des Wettbewerbs nicht in die Welt des »Friedens auf Erden« verwandelt; und sie werden es nicht tun. Ja, sie haben die Welt erst zu diesem hochgezüchtigten Raffinement aus Mord und Diebstahl und Lüge gemacht. Die Befehle »Du sollst nicht töten«, »Du sollst nicht stehlen«, »Du sollst nicht lügen« kommen ganz gewiß vom Himmel hoch; nur machte der Teufel immer das Meiste aus ihnen. Und wenn die Zehn Gebote herangeholt werden, so ist nun die erste Frage der Gebrannten: Welche Teufelei steckt schon wieder dahinter? Friede aber ist jener Zustand der Gesellschaft, in dem ein Gebot wie »Du sollst nicht lügen« erstens möglich und zweitens sittlich ist; ja, eine Gesellschaft, in der solch ein Gebot Naturgesetz ist.

Welche Rolle aber spielte »Du sollst nicht lügen« in der Welt des Unfriedens, der Unsicherheit, des Wettlaufs? Sie machte sich auch noch die Kräfte zunutze, die sie aufzuheben suchte. »Du sollst« – »Du sollst nicht« kann nicht das Instrument sein, mit dem aus Kasten-Geburten und Wettläufern Menschen zu formen sind.

Die Lüge und ihre Lügner

Knappe Biographie des Gebots.

Unter den Zehn Geboten, die der Beduinen-Häuptling Moses vor mehr als dreitausend Jahren vom Berge der Offenbarung heruntergebracht haben soll, war keins, das da lautete: Du sollst nicht lügen. Der Befehl des jüdischen Gottes hieß viel enger und inhaltsreicher: »Du sollst kein falsches Zeugnis ablegen wider deinen Nächsten.« Aber aus solchen zweckmäßigen Anordnungen wuchs eines jener gewaltigen Gespenster, die seit Jahrtausenden von Menschen-Glück leben: die kategorische Forderung »Du sollst nicht lügen«.

Was ist eine Lüge? Kant antwortete: »Eine vorsätzlich unwahre Deklaration gegen einen anderen Menschen.« Wer aber meint, daß das schon alles ist, hat von der Majestät der Lüge noch nicht einen Hauch verspürt. Besser schon wäre, sie als Held zu beschreiben, als ein schwarzer Held. Zeitgemäßer wäre, sie als ein teuflischer Bazillus zu beschreiben, der in den Menschen hineinschlüpft – und entweder seine Seele zerfrißt oder durch den magischen Schrei »Du sollst nicht lügen« ausgetrieben wird. Man hat diesem Bazillus vieles Furchtbare nachgesagt. Die Lüge sei eine Pest am Lügner. Die Lüge mache lügensüchtig. Eine Lüge ziehe die andere nach sich wie ein Gläschen Schnaps das andere. Immer, wenn eine Lüge in die Welt gesetzt werde, fahre sie auf zu einem Gott, der die Lügen räche – und bitte ihn, ihren Vater, den Lügner zu vernichten. Und Gott, der Rächer, lasse seinen Blitz in den Lügner fahren.

Wer die folgende knappe Biographie des »Du sollst nicht lügen« liest, wird die mythologische Definition angemessener finden als jede magere und unbeteiligtere. Ehrwürdige Namen benennen die Etappen dieser Lebens-Geschichte. Ein Meilenstein heißt: Hebräische Prophetie; ein zweiter heißt: Platon; ein dritter heißt: Augustin; ein vierter heißt: Kant – der das Lügen durchaus nicht immer so gelehrtenhaft-kühl aufgenommen hat wie in der erwähnten Bestimmung. Und wenn auch der Rest der Menschheit sein Leben nicht in Bibliotheken und Theologischen Seminaren verbracht hat – zusammen mit Hebräischen Propheten, Griechischen Philosophen, Kirchenvätern und Deutschen Idealisten, so waren doch auch die Nicht-Gelehrten zu allen Zeiten schwer getroffen von diesem mächtigen »Du sollst nicht lügen«. Denn Gespenster pflegen sich nicht abzuriegeln in den Mönchs-Zellen und Gelehrten-Klausen, in denen sie geboren werden.

Die Hebräischen Propheten waren zornig auf ihr Volk – und Zornige übertreiben gern. Das kam auch der Lüge zugute; sie nahm einen ganz enormen Umfang an. Der Prophet Micha schrie fürchterlich: »Die Stimme des Herrn dröhnt in der Stadt; denn ihre Einwohner lügen und ihre Zunge im Mund ist voller Täuschung.« Später schnitt man gelegentlich auch einmal diese symbolischen Zungen ganz real heraus. Und vielleicht sind die Lügen ohne Worte deshalb weniger beachtet worden, weil ihnen die poetischen Zungen fehlen – weshalb man auch den Tieren das Vermögen zur Lüge gern abgesprochen hat.

Nächst den Zornigen waren es die Weisen, die wacker am Jahrtausend-Denkmal des »Du sollst nicht lügen« bauten. Philosophen müssen schon aus professionellen Gründen die Wahrhaftigkeit für das höchste der Güter halten; jede Profession pflegt ihr Handwerkszeug zu überschätzen. Der große Denker Platon sprach für die ganze Innung, wenn er behauptete: daß die Wahrheit Beginn und Kern alles Guten sei – und keine Wahrheit ohne Wahrhaftigkeit. So wurde die Lüge mehr als Lüge – der bewußte Feind des Guten. Das war eine wirkliche Karriere.

Die Sprache der christlichen Kirche war erregter als die Sprache der griechischen Weisheit. Der Lügner wurde zum Sünder. Die Lüge wurde zum Trick des Teufels – und kam damit in ihre besten Jahre. Das Gespenst »Du sollst nicht lügen« sprühte vor Leben. Wie – wenn ich zum Beispiel durch eine Lüge einen Kranken retten kann? Dann rette ihn nicht! antwortete Augustin. Und begründete das Todes-Urteil folgendermaßen: »Da durch die Lüge das ewige Leben verwirkt wird – so darf man doch nicht lügen, nur, um ein vergängliches Leben zu retten.« Der mächtige Papst Innozenz III. unterstrich dieses Urteil – mit Berufung auf die Heilige Schrift. Die Heilige Schrift war die Konstitution des Mittelalters; sie mußte zu allem Unsinn ihren Segen geben.

Man hat eine entscheidende Wendung in der Geschichte des europäischen Denkens darin gesehen: daß, seit dem Sechzehnten Jahrhundert, Gelehrte und Poeten das Wort Gott durch das

Wort Natur oder durch das Wort Vernunft ersetzten; und tatsächlich ähnelt Gott von nun an etwas weniger den Menschen. Gottes Gebote aber blieben in voller Kraft. Es war zwar nicht ganz leicht, nun aus der Natur oder aus der Vernunft das »Du sollst nicht lügen« abzuleiten – der Wille des Sinai-Gottes war eine plausiblere Herkunft gewesen. Aber schließlich ging es doch. Der schärfste, revolutionärste Denker des ausgehenden Achtzehnten Jahrhunderts, Kant, nahm in einer gespenstischen Schrift: *Über ein vermeintes Recht, aus Menschenliebe zu lügen* eine beliebte Streitfrage des Mittelalters auf – und löste sie mittelalterlich. Ist es ein Verbrechen, einen Mörder zu belügen, der mich fragt, ob mein von ihm verfolgter Freund sich in mein Haus geflüchtet hat? Selbst eine solche Lüge ist ein Verbrechen! antwortete Kant. Er sorgte sich nicht mehr (wie Augustin) darum, daß der Lügner in seinem ewigen Heil beeinträchtigt wird. Und er kümmerte sich nicht (wie sein Zeitgenosse Bentham) darum, daß das Lügen vielleicht ganz unpraktisch ist. Er zeichnete das Gespenst in Rein-Kultur, indem er überhaupt keine Begründung für das »Du sollst nicht lügen« gab: »Es ist ein heiliges, unbedingt gebietendes, durch keine Konvenienzen einzuschränkendes Vernunftgebot: in allen Erklärungen wahrhaft (ehrlich) zu sein.« Er ließ keine mildernden Umstände zu. Wie ist es mit der Lüge aus bloßem Leichtsinn? Wie ist es mit der Lüge aus Gutmütigkeit? Wie ist es mit der Lüge zu einem wirklich guten Zweck? Es sei, wie es wolle: die Lüge bleibt »ein Verbrechen des Menschen an seiner eigenen Person«; »Lüge ist Wegwerfung und gleichsam Vernichtung seiner Menschenwürde«. Der berühmte Kritiker Kant, der große Liberale Kant, war viel gespenstergläubiger als das dunkelste Mittelalter. Es wurde ihm sogar zum Problem: ob das »ganz ergebenster Diener« am Ende eines Briefes für eine Lüge zu halten sei, wenn man nun einmal nicht der ganz ergebenste Diener des Adressaten ist.

Schopenhauer mokierte sich darüber: »Kants bei jeder Gelegenheit zur Schau getragener, unbedingter und grenzenloser Abscheu gegen die Lüge beruht entweder auf Affektation oder auf Vorurteil.« Aber war Schopenhauer frei von diesem geheimnisvollen Vorurteil? Auch er verkündete, daß »jede Lüge, eben wie jede Gewalttätigkeit als solche Unrecht« sei. Der Höhepunkt in dieser Geschichte des »Du sollst nicht lügen« wurde nun aber von Kants Erben, dem Philosophen Fichte, erreicht, der nicht nur in dieser Frage Kants Aberglauben zu vollster Blüte brachte. Fichte schrieb: »Du darfst nicht lügen, und wenn die Welt darüber in Trümmer zerfallen sollte.« Höher hinauf in die dünne Luft der Gespenster ging es nun nicht mehr. Es wäre aber nicht ohne Reiz, sich einmal die Welt, die wir kennen, ohne Lüge vorzustellen. Man könnte sie sich ebenso gut ohne Schwerkraft vorstellen – gemäß einem Gebot: »Du sollst nicht nach dem Gesetz der Schwere fallen«.

Völker-Psychologen sind gewiß sofort bereit, diesen Kant und diesen Fichte als typischen deutschen Urwald-Nebel abzutun. Aber auch England hatte seine Nebel. Adam Smith und Bentham haben die Standarte des »Du sollst nicht lügen« ebenso hoch gehalten wie die Deutschen Idealisten. »Ein wackerer Mann«, sagte Adam Smith, »sollte lieber sterben als versprechen, was er weder halten kann, ohne verrückt zu sein, noch nicht halten kann, ohne niederträchtig zu sein.« Und Bentham hielt »die Wichtigkeit der Wahrheit« für »so groß, daß die kleinsten Verletzungen, selbst in unbedeutenden Affairen, einen gewissen Grad von Gefahr mit sich führen. Die geringste Abweichung ist ein Angriff auf den schuldigen Respekt. Es ist eine erste Überschreitung, die eine zweite leichter möglich macht, und einen vertraut macht mit dem hassenswerten Ideal der Unwahrhaftigkeit«. Es ist also nichts mit dem völkerpsychologischen Unterschied zwischen deutschem Dunst und englischer Klarheit. Die Völker-Psychologie stimmt so richtig nur im Krieg, weil im Krieg die Musen am tiefsten schlafen.

Die etwas ältliche Völker-Psychologie hat eine recht junge Nachfolgerin: die Erdteils-Psychologie. Sie wirft uns noch die Frage in den Weg: Ist dieses ganze »Du sollst nicht lügen« nicht vielleicht nur eine Erfindung der griechisch-römisch-christlich-germanischen Welt, die von den enghorizontigen Europäern für das Universum gehalten wird, weil in den letzten vierhundert Jahren Asien und Afrika etwas ins Hintertreffen geraten sind? Man hat sich bemüht, Europa vieles Böse nachzusagen – in Revanche für allzuviel europäischen Größenwahn. Es wäre aber ungerecht, dieses Europa nun auch noch als privilegierte Brutstätte der Gespenster schlecht zu machen. Denn man findet das »Du sollst nicht lügen« ebenso im altägyptischen *Totenbuch* wie in den buddhistisch-hindustanischen *Gesetzen des Manu* wie in den Schriften des chinesischen Konfuzius. Man kann in den *Institutes of Vishnu* lesen: »Wenn Wahrhaftigkeit und tausend Pferde gegeneinander abzuwiegen sind, so ist festzustellen, daß Wahrhaftigkeit im Werte höher ist als ein Opfer von tausend Pferden.« Ebenso wie der griechische Zeus und der römische Jupiter – waren auch der ägyptische Amon Ra, der babylonische Mond-Gott und der zoroastrische Mithras die personifizierte Wahrhaftigkeit.

Um es ganz deutlich zu sagen: Das ganze Menschen-Geschlecht ist beteiligt an der Schöpfung des »Du sollst nicht lügen«.

Wirklich das ganze Menschen-Geschlecht? Repräsentieren alle die angeführten feierlichen Zitate das ganze Menschen-Geschlecht?

Es herrscht die Meinung – auch wenn sie nicht ganz so deutlich ausgesprochen wird: daß Äußerungen von Theologen, Philosophen und Poeten nicht allzu wörtlich zu nehmen sind. Da zeuge doch ein Begriff den andern, ein Bild das andere – es bestehe da eine große Inzucht von Nicht-Existierendem. Mit dem Leben außerhalb habe das nur wenig zu tun. Und so spiele sich diese ganze Geschichte des »Du sollst nicht lügen«, von Generationen von Fabel-Erzählern immer weitergesponnen, schließlich doch nur innerhalb einer etwas überkandidelten, abseitigen Gesellschaft ab. Eine solche Meinung von den Schöpfern des sogenannten geistigen Lebens ist nicht ganz falsch – obwohl sie auch nicht ganz richtig ist. Propheten, Päpste und Weise sind nicht nur Großsprecher, sondern auch Lautsprecher. In ihren Sätzen haben wir gewiß die Übertriebenheiten, die Millionen erzogen. Aber in ihren Sätzchen haben wir auch das Echo der Millionen.

So besteht zwischen ihrem Reich und dem Alltag ein reger Verkehr. Er wird von Verkehrsmitteln bewältigt, die viel zu wenig beachtet werden. Da ist zum Beispiel jener *Grundstein des Erfolgs*, den ein amerikanischer Lehrer im Jahre 1910 gelegt hat, um Generationen von Schülern eine sittliche Grundlage zu geben. Zwischen dem ersten und siebten Lebensjahr soll, diesem Moral-Buch zu Folge, der ewige Bund zwischen dem Kind und dem »Du sollst nicht lügen« geschlossen werden. Man wundert sich vielleicht nicht mehr ganz so sehr über den deutschen Philosophen Fichte, wenn man hier nachliest, wie es vielleicht auch bei ihm zwischen dem ersten und siebten Lebensjahr begonnen hat. Etwa mit folgender Anweisung an seinen Lehrer: »Der Befehl ›Du sollst nicht lügen‹ ist einfach hinzunehmen, ohne jede Diskussion darüber, weshalb die Lüge verboten ist.« Das ist schon ein prächtiger Grundstein. Etwas später bekommt dann die Lüge anekdotische Farben. Wie hat sich zum Beispiel unser George Washington benommen, als er sechs Jahre alt war? Höre, Kind! Er besaß damals eine kleine Axt, mit der er vergnügt um sich hieb. Eines Tages traf solch ein Hieb einen jungen englischen Kirschbaum tödlich. Wer hat das getan? fragte der alte Herr Washington. Und der Junge antwortete: »Ich kann nicht lügen, Vater, du weißt es. Ich kann nicht lügen. Ich traf den Kirschbaum mit meiner Axt«... Ist ein Junge noch etwas älter und vor allem gebildeter, dann nimmt das »Du sollst nicht lügen« die Züge griechischer und römischer Helden an. Das griechische Theater-Publikum, offenbar ein Parkett von Heiligen, war so wahrheitsliebend, daß es bei einer Euripides-Premiere gegen den Satz: »Ich schwor mit dem Mund, aber nicht mit dem Herzen« rebellierte und den Dichter in Anklage versetzte, weil er es gewagt hatte, eine seiner Figuren solch eine Unmoral aussprechen zu lassen. Und dann, bei den Römern, gab es diesen Regulus, den Helden des ersten Punischen Kriegs. Die Karthager nahmen ihn gefangen. Da sie aber schlecht dran waren, sandten sie ihn mit einer karthagischen Gesandtschaft nach Rom zurück, um seine Landsleute zum Frieden zu überreden. In Rom sprach er mit Erfolg gegen den Frieden. Natürlich wollte man ihn nicht wieder zurück lassen; denn in Karthago erwartete ihn ein elender Tod. Er aber sagte, als hätte er Fichte studiert: »Ich versprach es, und ich muß mein Wort halten.« Von Regulus bis zu Washington und Wellington, von dem es auch eine nette Anekdote gegen die Unehrlichkeit gibt, mied man die Lüge wie die Pest.

Und das Zwanzigste Jahrhundert, das von den Moralisten als moralisch schlapp verachtet wird, kann es mit den Epochen der großen Helden durchaus aufnehmen. In einer Untersuchung über das Leben des Kindes, die im *American Journal of Psychology* erschienen ist, wird von einem Jungen erzählt, der Angst hatte, plötzlich tot zu Boden zu fallen – niedergestreckt von einer zufälligen, vielleicht gar von einer unbewußten Lüge. War dieser Junge hysterisch? Auf jeden Fall war er durchdrungen von derselben Überzeugung, die den Propheten Micha, den Theologen Augustinus, die Philosophen Fichte und Bentham und eine Reihe griechischer, römischer und moderner Helden beherrschte. Und er manifestierte diese Überzeugung, seinem Jahrhundert gemäß, auf hysterische Weise. Die Hysterie ist nur das Zeit-Kostüm. Im übrigen, es ist nie gesund, mit Gespenstern zu verkehren. Ja, vielleicht wäre die Menschheit, wenn sie häufiger und gründlicher ernst gemacht hätte mit den Lehren ihrer Großen, bereits zugrunde gegangen.

Glücklicherweise lebte sie nie ganz streng im Gehorsam der gigantischen Gebote (und das mindert etwas ihre Schrecken) – dafür allerdings mit schlechtem Gewissen und verwirrten Begriffen. Wahrhaftig, das »Du sollst nicht lügen« trübt bis zu diesem Tag den Blick. Es sind Hitlers Lügen gewesen, welche die Aufmerksamkeit der Zeitgenossen mehr in Anspruch nahmen als seine entsetzlichen Aufrichtigkeiten. Aber – wäre eigentlich sein Einmarsch in Österreich und in die Tschechoslowakei und in Polen weniger schlimm gewesen, wenn er zuvor gesagt hätte: Ich habe noch territoriale Ansprüche in Europa? Wäre eigentlich seine Attacke auf Rußland anständiger gewesen, wenn er vorher nicht den Pakt geschlossen hätte? Und wäre der Angriff der

Japaner von höherer moralischer Qualität gewesen, wenn sie zur Zeit der Vorbereitungen des Überfalls nicht ihre beiden lächelnden Missionäre in Washington gehabt hätten? Ist es überhaupt sinnvoll, von einem Einbrecher (gewissermaßen als Minimum von Anständigkeit) zu verlangen, daß er seinen Plan vorher anmeldet? Gibt es einen ehrlichen und einen unehrlichen Einbruch? Und gibt es einen ehrlichen und einen unehrlichen Gesandten – im Bereich der Politik, die bisher immer Machtpolitik war? Schon zwei Jahrhunderte vor Hirohito, im Siebzehnten Jahrhundert, also im klassischen Zeitalter der Diplomatie, stellte ein Sir Henry Wotton fest: Ein Gesandter ist »ein anständiger Mensch, den man ins Ausland geschickt hat, um für sein Land kräftig zu lügen«.

Es gibt keine ehrlichen und unehrlichen Gesandten. Und es gibt keine ehrlichen und unehrlichen Kriege. Der ehrliche Krieg ist auch solch eine Torheit, die das Gespenst des »Du sollst nicht lügen« auf seinem Siegeszug zurückgelassen hat. Der ehrliche Krieg ist eine unehrliche Vorstellung. Will man einen Kronzeugen, so kann man vielleicht einen berühmten englischen Feldmarschall, den Lord Wolseley, heranholen. In dem von ihm verfaßten *Soldiers' Pocket-Book for Field Service* schreibt er über die Beziehung von Krieg und Aufrichtigkeit: »Die Nation ist erzogen worden, einen Erfolg durch Unehrlichkeit als Schande zu empfinden. Das Wort Spion hat etwas so Peinliches an sich wie das Wort Sklave. Wir bleiben dabei, daß ›Ehrlichkeit die beste Politik‹ ist, daß der Ehrliche letzten Endes doch gewinnt. Diese netten Sprüchlein sind ganz schön für eine Kinderfibel; aber der Mann, der danach im Kriege handelt, sollte lieber auf ewig sein Schwert in der Scheide lassen.«

Man half sich gegen das »Du sollst nicht lügen« – indem man dem tyrannischen Gebot nur folgte, wenn es nicht zu teuer war. Aber man löschte es nicht aus, sondern litt schlechten Gewissens und erblindete immer mehr.

Die Belügung der Lüge

Es zeigte sich bisweilen eine ängstliche Bereitwilligkeit, das herbe »Du sollst nicht lügen« etwas zu mildern. Diese Milderung war immer eine Stärkung, nicht eine Schwächung des Gebots. Das »Du sollst« darf es nicht zu einem Konflikt kommen lassen, der es lächerlich macht. Wo es zum Gespött zu werden droht, muß etwas nachgelassen werden.

So quälten sich Tausende von Begriffs-Verfertigern damit ab, den tyrannischen Befehl zu sänftigen. Die christliche Kirche, die außerordentlich viel für eine sorgfältige Katalogisierung der Begriffe getan hat, unterscheidet drei Gruppen von Lügen. Von der dritten, der scherzhaften Lüge, verlangt Augustinus, daß man sie schon im Tonfall erkennen müsse – dann möge sie passieren. Und zugunsten der zweiten Gruppe, der konventionellen Lüge, die im Englischen »white lie« genannt wird, sagte Thomas von Aquino versöhnlich, daß sie bisweilen sogar auf den Vorteil des Nebenmenschen aus sei. Alle diese Bemühungen, Ausnahmen zuzulassen, waren nur nötig, weil die Vorschrift so außerordentlich hart war. Und die Bemühungen rissen nicht ab.

Da wurde zum Beispiel in einer *Summa* des St. Raymond of Penafort, die vor der Mitte des Dreizehnten Jahrhunderts erschien, der folgende Fall behandelt – der, wie wir erwähnt haben, fünf Jahrhunderte später noch Kant beschäftigte: »Wenn ein Mann in deinem Haus verborgen ist, und sein Leben ist von Mördern bedroht – und diese Mörder kommen zu dir und fragen dich, ob der Mann in deinem Haus verborgen ist, so antworte: du weißt, wo er ist, aber du wirst es nicht sagen; du darfst aber nicht leugnen, daß er bei dir ist.« Viele waren mit dieser Lösung nicht zufrieden – und Generationen von Retouchierern arbeiteten an dem Problem: Wie kann man mogeln, um nicht zu lügen?

Zum Beispiel so: Man darf Mörder und Räuber weder belügen noch unterstützen – da ist es dann das Beste, ihre Fragen mit Schweigen zu übergehen. Wenn nun aber solch ein Schweigen zu beredt ist? Dann hat man immer noch die sogenannte Zweideutigkeit; mit ihrer Hilfe kann man zu gleicher Zeit die Wahrheit sagen – und lügen. Diese Zweideutigkeit läßt sich – wie man bei liebevoller Beschäftigung mit ihr fand – auf die verschiedenste Weise handhaben. Etwa in dieser Art: Ich wähle ein Wort, das mehrere Bedeutungen hat – wie zum Beispiel das lateinische Wort volo, das sowohl wünschen als auch fliegen bedeuten kann. Oder ich benutze den Bau eines Satzes, der nicht eindeutig ist. »Das ist Peters Buch« kann erstens sagen: es gehört ihm; und zweitens: er hat es geschrieben. Mit einer dritten Art von Zweideutigkeit spekuliere ich darauf, daß der Zuhörer meine wahrheitsgemäßen Sätze von falschen Voraussetzungen aus falsch auslegt.

Diese Kunst wurde nicht nur von den griechischen Orakeln des Altertums meisterhaft geübt. Ein modernes Beispiel priesterlicher Zweideutigkeit haben wir in einer Geschichte, die Macaulay in seiner *History of England* mitteilt. Englische Geistliche luden im geheimen Wilhelm von Oranien ein, herüber zu kommen und die Stuarts zu verjagen. In einem pompösen Manifest rühmte er sich dieser Einladung. Der ahnungslose König, Jacob II., fragte einen dieser geistlichen Verschwörer, zu dem er ungetrübtes Vertrauen hatte, ob denn die Behauptung des Oraniers stimme. Da antwortete der Bischof von Compton mit einer Wahrheit, die den König erfolgreich belog: »Sir, ich habe volles Vertrauen, daß unter meinen Brüdern nicht einer ist, der in dieser Angelegenheit nicht ebenso unschuldig ist, wie ich unschuldig bin.« – Woraus man ersehen kann, daß der Glaube an die dunkle Majestät der Lüge dazu geführt hat – diese Lüge auf eine ungeahnte Höhe des Raffinements zu bringen. Die Scheu vor der Lüge hat die Umsetzung des Denkens ins Sprechen und Schreiben außerordentlich verfeinert.

Der berühmteste Versuch, die Lüge zu hintergehen, ist der innere Vorbehalt. Diese sogenannte Reservatio Mentalis ist unter dem Datum des 2. 3. 1670 vom Heiligen Stuhl verboten – und, in immer neuen Kostümen, von Geschlecht zu Geschlecht, fortgeerbt worden: als Schutz gegen den bösen Zauber, welcher der

Lüge offenbar anhaftet. Der Innere Vorbehalt hat sich vielleicht auch deshalb so gut gehalten, weil er so leicht zu praktizieren ist. Etwa in der folgenden Art: Ich spreche eine Lüge aus und füge innerlich nichts als ein kleines »Nicht« ein. Allerdings erhob sich da nun die große Streitfrage, ob dies innerlich Eingefügte nur innerlich zu sein braucht, oder ob es nicht doch auch ein klein bißchen vernehmbar sein muß – wenn auch natürlich nicht für den, der auf diese anständige Weise belogen werden soll. Muß ich also, lautet das Problem, dieses winzige »Nicht« weg-niesen, weg-husten, weg-rülpsen – oder genügt es schon, wenn es mir ganz stumm, ohne sich zu mucksen, vorne auf der Zunge liegt?

Man nennt so etwas gern Scholastik – und bildet sich ein, daß alles unter diesem Namen Zusammengepackte nichts als die Verirrung einer verstorbenen Zeit gewesen ist. Tatsächlich war die Scholastik kristall-klar im Vergleich mit dem Begriffs-Dschungel der Gegenwart, in dem die absurdesten Fabel-Wesen sich herumtrollen. Und was den Inneren Vorbehalt betrifft, so lernte ich ihn praktizieren zu Beginn des Zwanzigsten Jahrhunderts – ohne allerdings seinen gelehrten Namen zu kennen. Wenn ich log, streckte ich den rechten Arm nach hinten und wies mit dem Zeigefinger auf den Boden hinter mir, möglichst weit fort; dort hatte die Lüge in den Boden zu fahren, zu verschwinden, sich zu begraben – damit sie keinen Schaden anrichten könne. Und es gibt Erwachsene, die dies magische Getue zwar nicht ernst nehmen – aber dennoch im gegebenen Moment diesen Ritus manipulieren müssen. So wie es Leute gibt, die zwar nicht an Gott glauben, vor der Gottes-Lästerung sich aber ganz fürchterlich fürchten.

Alle diese Hintenherums, die das unerbittliche »Du sollst nicht lügen« zu belügen und zu betrügen suchen, sind ein noch größerer Beweis für die mächtige Existenz dieses Gespenstes als sämtliche Blitze, die von Propheten geschleudert wurden – und als die ehernsten Unter-keinen-Umständen der Moralisten.

Um das »Du sollst nicht lügen« zu retten, scheute man nicht einmal vor der Belügung der Lüge zurück.

Wie kam die Lüge in die Welt?

Eine berühmte Antwort lautet: Der Mensch ist ein Lügner von Natur; und erst die vordringende Kultur drängte die Lüge zurück – wie den Sumpf, wie die Pest, wie den Kannibalismus. Primitive Völker lügen mehr als Kultur-Völker. Kinder lügen mehr als Erwachsene. Der Jurist von Ihering behauptete: Die Menschheit war in ihrem Beginn eine Gesellschaft von Lügnern – die sich dann allmählich zu einem Bund von ehrlichen Leuten entwickelte. Diese freundliche Konstruktion hat einen Fehler. Wo immer man diese Primitiven trifft: sie haben einen Abscheu vor der Lüge, der es mit dem Abscheu des Philosophen Fichte aufnehmen kann.

Man darf gewiß der psychologischen Feinfühligkeit vieler Berichterstatter über Sitten und Gebräuche der »Wilden« nicht allzusehr trauen. Aber eins ist allen Nachrichten zu entnehmen: das »Du sollst nicht lügen« ist unter den Wedda von Ceylon, den Sarvas von Madras, den Hereros, den Hottentotten, den Indianern, den Siamesen und Burmesen genau so fest etabliert wie unter den berühmtesten Kultur-Völkern. Von einem Stamm in Burma wird die Drohung berichtet: »Lügnern soll die Zunge ausgeschnitten werden.« Das klingt ganz alt-testamentarisch und ganz christlich. Aus Cambodia wird berichtet, daß auf Lügen Sklaverei oder Exil steht. Von den Einheimischen in Car Nicobar erzählt man: die Beschuldigung der Lüge bringe sie sofort in Harnisch. Die Corvas, ein Volk im indischen Hochland von Sirguja, sollen zwar grausame Räuber sein, welche die Beraubten bisweilen sogar töten, wenn sie keinen Widerstand leisten – aber im übrigen sind sie leidenschaftlich gegen die Lüge. Und von den Dykas von Borneo wird dieser Brauch mitgeteilt: der Belogene errichtet vor dem Hause des Lügners einen Steinhaufen, jeder Vorübergehende darf einen Stein hinaufwerfen – so wächst das Schandmal dem Wohnhaus übers Dach. Es ist also offenbar nichts mit der Vorstellung vom alten Lügner Adam, den erst die Hebräer und Lao-tse und Buddha und die Griechen zu einem ehrlichen Menschen gemacht haben.

Wendet man aber nun diesen Irrtum: daß Lügen das »Natürliche« ist – in sein Gegenteil, so entsteht auch daraus noch keine Wahrheit. Das Lügen ist auch nicht ein Produkt der bösen Kultur. Weltreisende haben zwar beobachtet, daß Primitive erst zu lügen begannen, wenn sie mit Kultur-Völkern in Berührung kamen. Und daraus wurde der Schluß gezogen, daß das Lügen eine sogenannte Kultur-Krankheit ist, die durch Ansteckung schließlich auch schlichtere Gruppen infiziert. Das würde, wenn es wahr wäre, ausgezeichnet in den Rahmen des Rousseauschen Kultur-Ekels passen – und zu allem, bis hin zu Veblen, was mit Trauer aufs verlorene Paradies zurücksieht. Nur läßt sich auch noch ein ganz anderer Schluß aus der Beobachtung der Weltreisenden ziehen. Viele Kultur-Völker sind sich mit vielen Primitiven, die das Gebot »Du sollst nicht lügen« in ebenso hohen Ehren halten, darin einig, daß man mit dem Fremden und dem Feind eine Ausnahme machen darf. Wenn also Eingeborene Afrikas, Amerikas und Asiens plötzlich mit einer ganz anderen Rasse und einer anderen Kultur in Berührung kommen, so lügen sie häufiger und unverschämter als zuvor, weil es die Fremdenfeindliche Sitte so will.

Der Unterschied zwischen einer europäischen Lüge und einer Lüge der Wedda ist also wahrscheinlich nur der: daß die »Wilden« nicht durch die Schule der griechischen Logik und der christlichen Psychologie gegangen sind – und deshalb möglicherweise nicht so eine raffinierte Kultur des Lügners geschaffen haben. Mag man nun die sublimen Lügen höher schätzen oder geringer – das Lügen ist weder eine Eigenschaft des natürlichen Menschen, die in den reiferen Jahren der Menschheit allmählich abstirbt, noch eins der Gifte, die ein Zerfall-Prozeß, Kultur genannt, freigesetzt hat.

Ist es dann vielleicht so, daß der Schöpfer, in einer unerforschlichen Laune, Lügner und Nicht-Lügner in die Welt gesetzt hat, Lügner-Völker und Nicht-Lügner-Völker – und so sind zum Beispiel die Ägypter, die Neger und die Hindus von der Vorsehung ausersehen, als Lügner über diese Erde zu wandern? Nicht nur reiseschriftstellernde Dilettanten haben solche Abstempelungen vorgenommen. Weltberühmte Historiker sind ihnen mit schlechtestem Beispiel vorangegangen. Der Römer Tacitus erklärte in der *Germania* die Germanen für »eine Rasse ohne angeborene oder erworbene List«. Sein Zeitgenosse, der griechische Historiker Arrian, schrieb in der *Historica Indica*: »Von keinem Inder kennt man ein unwahres Wort.« Der mittelalterliche Geograph Giraldus Cambrensis behauptete in seiner *Topography of Ireland*, die um 1187 erschien: »Sie betrügen mehr als irgendeine Nation und halten nie ihr Wort.« Und der englische Geschichtsschreiber Gibbon sagte von den Römern: »Sie verehrten einen Gott des Vertrauens, nicht nur in ihren Gotteshäusern, auch im Leben; und wenn sie auch nicht so wohlwollend und großzügig waren, so überraschten sie die Griechen durch ihre ehrliche und einfache Erfüllung der schwierigsten Verpflichtungen.« Die treuen Römer! Die lügnerischen Griechen! Die ganz perfiden Phönizier, mit ihrem ganz perfiden Kennwort: »Die Lüge ist das Salz der Erde – und eine Schande nur für den, der hereinfällt.« Lügner! Ehrliche! So abgestempelt, wie von einem modernen Propagandisten abgestempelt, gingen die Völker dank ihrer Historiker in die Weltgeschichte ein.

Es ist leicht, diese Zensuren zu entkräften. Man kann dem Tacitus die berüchtigte germanische List und Hinterhalt entgegenhalten – vom Nibelungen-Hagen bis zum Nazi-Goebbels (obwohl auch damit nichts gesagt ist). Man kann Gibbons ehrliche Römer mit allen Neros, Cola di Rienzis und Mussolinis konfrontieren (obwohl auch damit nichts gesagt ist). Man kann überhaupt von allen Gruppen fast alles behaupten, namentlich wenn sie ein paar hundert Jahre alt sind. Nehmen wir die Hebräer. Waren sie Lügner? Die Propheten sagten so. Aber waren die wahrheitsliebenden Propheten nicht die Repräsentanten ihres Volkes? Also waren die Hebräer keine Lügner! Aber wird in ihrer Bibel nicht immerzu gelogen? Jacob belügt seinen blinden Vater. König David belügt den Urias. Und Jahve persönlich schickt, um Ahab zu ruinieren, einen Lügen-Geist ab, der die Berater Ahabs täuschen soll. Also waren die Hebräer

Lügner. – Und waren die Griechen für die Lüge oder für die Wahrhaftigkeit? Zeus sandte dem Agamemnon einen lügnerischen Traum. Pallas Athene belog Hektor und liebte den listenreichen Odysseus. Und auf der anderen Seite die Anbeter der Ehrlichkeit: Platon, der auf die Götter böse war wegen ihrer verdammten Lügerei, der die Dichter als Lügner aus seinem Ideal-Staat heraushalten wollte – und Sokrates, den seine Aufrichtigkeit das Leben kostete. Waren die Griechen Lügner oder das Gegenteil davon?

So kann man sich stundenlang amüsieren – und »völkerpsychologisch« beweisen, was immer man Lust hat; wovon namentlich im Krieg ausgiebig Gebrauch gemacht wird. Überhaupt ist die ganze Völker-Psychologie am besten zu verwenden als Atlas, an dem man sich orientieren kann über die Wut, die eine Menschen-Gruppe auf die andere hat. Es gibt da ein hervorragendes Beispiel: die Namen, mit denen die Syphilis im Mittelalter bedacht wurde. Für die Deutschen, die Italiener und die Engländer waren die »dicken, großen Pocken«: »die welsche Krankheit«; für die Franzosen: »die neapolitanische«. Die Holländer, die Navarresen und die Afrikaner nannten sie »spanisch«; die Asiaten, die von Portugal abhängig waren: »portugiesisch«. Den Persern sah das Unheil »türkisch« aus und den Türken »christlich«. Bei den Russen hatten die ekligen Geschwüre die Eigenschaft »polnisch« zu sein, bei den Polen »deutsch«. Denn woher kann eine böse Krankheit stammen, wenn nicht aus der Niedrigkeit des Feindes, der sehr oft der Nachbar ist? Die Völker-Namen, die der Syphilis gegeben wurden, bilden eine erschöpfende Kriegs-Karte vom Ende des Fünfzehnten Jahrhunderts. – Es ist also nichts mit der Vorstellung von Nationen, welche die Syphilis und die Lüge von Gott oder von Natur auf den Lebensweg mitbekommen haben. Es gibt keine Art von schöpferischer Laune, die Lügner-Völker oder Lügner-Persönlichkeiten gemodelt hat – wie zum Beispiel siamesische Zwillinge oder andere Kuriositäten.

Wie aber kam die Lüge wirklich in die Welt? Wir wissen bis jetzt nur, woher sie nicht stammt. Ein Umweg ist der nächste

Weg zur Antwort. Versuchen wir es einmal mit der Frage: Aus welchen Tiefen kommt die Ablehnung der Lüge?

Weshalb sollst Du nicht lügen?

Du sollst nicht lügen – weshalb eigentlich nicht?

Weil die Götter und die Theologen es verbieten. Weil die Gesetze und die Philosophen es verbieten. Und weshalb verbieten sie es? Es gab Zeitalter, die keine Autoritäten kannten – und deshalb immerzu Weshalb fragten. Wenn zuviel Weshalb gefragt wurde, antwortete stets ein neuer Tyrann. Das haben wir gerade durchgemacht.

Die allgemein anerkannte Autorität einer eben abgelaufenen Zeit hieß: der Nutzen; manche nannten diesen Nutzen auch »die Vernunft«. Weshalb also sollst du nicht lügen? Weil das Lügen garnicht recht durchführbar ist – und deshalb unvernünftig. Diese Erkenntnis gehört seit langem zum eisernen Bestand der Volksweisheit. Das Lügen ist allemal etwas Bodenloses; denn – so sagt ein italienisches Sprichwort: »Eine Lüge macht zwanzig andere notwendig, um diese eine Lüge zu stützen.« Und ein griechisches Sprichwort variiert denselben Gedanken: »Jeder Lügner hat einen anderen als Zeugen notwendig.« Es ist also die Zeit, welche die Nutzlosigkeit, die Unvernunft der Lüge enthüllt. Jede Lüge ist ein dummer Bluff; Anfangs-Erfolge verschleiern das trübe Ende, das kommen muß. »Lügen haben kurze Beine«, heißt es im Deutschen. Zunächst kommt man auch mit kurzen Beinen weiter – aber wie weit? Übrigens hat bereits der römische Rechtsanwalt Cicero auf die Kurzlebigkeit der Lüge hingewiesen: »Nichts Falsches kann dauern.«

Das ist noch nicht das Schlimmste – daß die Lüge nutzlos ist. Sie ist gefährlich für den Lügner. »Die List verschlingt ihren Meister«, sagen die Basutos. Das klingt primitiv-absonderlich, läßt sich aber als eine kleine, höchst alltägliche Weisheit entlarven, wenn man das Basuto-Aperçu etwa ins Deutsch-Hausbakkene übersetzt. Dann hat man den vertrauter klingenden Satz: »Wer einmal lügt, dem glaubt man nicht, und wenn er auch die Wahrheit spricht.«

Da gibt es zum Beispiel die Geschichte von dem Jungen und den Wölfen: Es war einmal ein kleiner Hirt, der sich in seiner Einsamkeit entsetzlich langweilte. So rief er eines Tages: »Wölfe! Wölfe!...« Die Leute der Umgebung liefen zusammen, er war nun nicht mehr so allein. Ein paar Tage später probierte er denselben Trick und hatte wieder Erfolg – wenn auch nicht mehr so einen ganz großen. Und dann geschah es. Schließlich kamen wirklich Wölfe, der Knabe schrie in Todes-Angst – niemand aber glaubte seinem Schrei –, woraus man ersehen kann, daß zuguterletzt die Lüge den Lügner frißt – und nicht nur bei den Basutos.

Es ist unpraktisch, zu lügen – und es ist ganz außerordentlich nützlich, ehrlich zu sein. In dieser Einsicht ist das jüngste Jahrhundert einig mit dem alten Märchen. Zur Zeit des Märchens spielte eine Prinzessin einmal Ball, in der Nähe eines Brunnens. Der Ball fiel ins Wasser. Ein Frosch brachte ihn an und gab ihn nur unter einer Bedingung zurück: daß er, der Frosch, am Prinzessinnen-Tische essen und im Prinzessinnen-Bette schlafen dürfe. In ihrer Gier, den Ball wieder zu haben, versprach das kleine Mädchen alles; dachte aber nicht einen Augenblick daran, das Versprechen zu halten. Und als dann der Frosch wirklich ins Schloß kam, weigerte sie sich, ihn einzulassen. Vater König aber zwang sie, zu ihrem Wort zu stehen: »Ein Versprechen ist ein Versprechen, ganz egal, wem es gegeben worden ist« – und wie recht er hatte! Das Märchen begnügt sich nicht mit Kants Wohlgefühl nach erfüllter Pflicht. Der Frosch war ein verzauberter, schöner, reicher Prinz.

Man kann diese Legende auch ins Bürgerliche übersetzen. Dann ist das Resultat zwar nicht ein Prinz – nur die Annehmlichkeit, ein und dieselbe Rechnung nicht doppelt zahlen zu müssen. Aber die bürgerliche Geschichte singt das gleiche Loblied auf die Rentabilität der Wahrhaftigkeit. Die Szene (wie sie der amerikanische Philosoph Dewey mitteilt) spielte nicht in der Zeitlosigkeit der prinzlichen Frösche, sondern im Civil War. Der Held war nicht aus purem Glanz – nur ein gewöhnlicher, amerikanischer Freiwilliger. Seine Mutter gab ihm eines Tages Geld, eine Rechnung zu bezahlen – und er teilte ihr dann mit, daß er ihren Auftrag ausgeführt habe. Nach einiger Zeit kam nun dieselbe Rechnung. Der junge Mann, mit den Vorbereitungen für den Abmarsch voll beschäftigt, konnte sich an die ganze Angelegenheit nicht mehr erinnern. Da ging die Mutter zu dem Kaufmann, der die Rechnung geschickt hatte, und gab ihm von dem Tatbestand Kenntnis: der Junge habe seinerzeit gesagt, die Rechnung sei bezahlt; nun aber erinnere er sich nicht mehr. Worauf der Kaufmann zu folgendem Resultat kam: Ich weiß nichts davon, daß ihr Sohn gezahlt hat; aber wenn er einmal sagte, er habe gezahlt, dann hat er auch gezahlt. Sein Wort ist so gut wie eine Quittung. – Würde das »Du sollst nicht lügen« ausnahmslos praktiziert werden, wäre ein Wort so gut wie Geschriebenes – wieviel Papier und wieviel Verwaltung könnte da gespart werden! Der englische Philosoph Bentham hat wirklich Recht: »Wenn es Wahrheitsliebe nicht gäbe, müßte man sie eigens um ihrer Nützlichkeit willen erfinden.« Und Benjamin Franklin hat ebenso Recht: »Ehrlichkeit ist nützlich, weil es einen kreditfähig macht.«

Man kann es also den Märchen-Königen und den freiheitlichen Staatsmännern und den biederen Kaufleuten und den Philosophen des Neunzehnten Jahrhunderts aufs Wort glauben, daß die Wahrheitsliebe ihre Meriten hat. Aber, aber – auch die Lüge hat ihre Nutzen, ihre Vernunft und ihr Verdienst, wie sich sehr leicht zeigen ließe. Und wer wollte hier das Persaldo zuverlässig ziehen? Es ist schon etwas dran, daß Aufrichtigkeit förderlich ist – und man kann auch das Gegenteil beweisen. So bleibt nach allen schönen Sprichworten und Historien die Frage weit offen: Weshalb wird die Schädlichkeit der Lüge und die Nützlichkeit der Wahrhaftigkeit so aufdringlich in den Vordergrund gerückt?

Du sollst nicht lügen! Noch einmal: weshalb nicht?

Wer die Freiheit des Einzelnen für den wertvollsten Schatz der Menschheit hält, haßt die Lüge als Vergewaltigung des Nebenmenschen, als Eingriff in die Selbstherrlichkeit des Individuums, als Freiheitsentziehung. Lügen heißt ihm: über einen anderen Menschen verfügen wie über eine Sache.

Die Aufklärung und ihr Gefolge, vor allem der erlauchte deutsche Idealismus, hat besonders diese Rolle der Lüge gesehen. Der große Feind der Vernunft ist nicht so sehr ein intellektueller Gegner: der Irrtum, als vielmehr ein moralischer Gegner: die Lüge. Die Aufklärung war weniger Klärung als – Austreibung des Lügen-Teufels; und hier lag ihre Vitalität. Die Aufklärer waren große Hasser; sie litten nicht an Blut-Armut – wie die auf ihre Blutigkeit so stolzen Verdunkler unserer Tage uns einreden wollen. Ja, diese Aufklärer können es zu einem guten Teil mit ihren heutigen Gegnern an Gespenster-Gläubigkeit aufnehmen. Ihr vornehmstes Gespenst hieß: die Lüge. Der schwarze Mann der Aufklärung, der Tyrann und der Priester, war mehr als alles andere ein Lügner. Auch die Revolutionäre der bürgerlichen Freiheit bauten am Monument des »Du sollst nicht lügen«.

Es mag nun, auf den ersten Blick, überraschend sein, daß mit dieser Deutung der Lüge als Vergewaltigung eine andere Deutung eng verwoben ist, die scheinbar gar nicht zu ihr paßt: Lüge ist Feigheit. »Ein Sklave lügt«, sagt Plutarch. »Lügen – das ist Furcht vor dem Menschen«, schrieb Montaigne. »Ein Lügner ist mutig gegen Gott und ein Feigling vor den Menschen; denn eine Lüge stellt sich Gott entgegen und zieht sich vor dem Menschen zurück«, heißt es bei Bacon. »Der Mutige lügt nicht«, meinte Fichte. »Es ist feige zu lügen«, urteilte Schopenhauer. Und Sir Walter Scott schrieb in einem *Essay on Chivalry*: »Jeder Gentleman muß daran denken, daß er die Beschuldigung, aus freien Stücken gelogen zu haben, als die schwerste Kränkung anzusehen hat.«

Was ist nun eigentlich die Lüge? Ist die Lüge Vergewaltigung durch einen Mächtigen? Ist die Lüge die Feigheit des Ohnmächtigen, des Sklaven? Wie ist es möglich: daß dieselben scharfen

Denker sowohl den frechen Tyrannen und den unverschämten Priester als auch den ängstlichen, kleinmütigen Hasenfuß für den klassischen Träger der Lüge hielten? Ist die Residenz der Lüge ein Großmogul, der sich alles gestatten kann? Oder eine Maus, die sich im Loch verkriechen muß?

»Du sollst nicht lügen!« Weshalb nicht? Weil es unpraktisch ist! Aber es ist auch praktisch! Weil es eine Vergewaltigung ist! Aber gerade die Furchtsamen, die Furcht vor Vergewaltigung haben, lügen. Weil es eine Feigheit ist! Aber gerade die frechen Draufgänger lügen. Weshalb stimmt jedes dieser Weils – und zugleich der Gegensatz?

Man hat bemerkt, daß die so oft beobachtete Doppelzüngigkeit des Orientalen zurückzuführen ist auf den Despotismus, unter dem er lebt. Zum Lügen muß man in der Regel gezwungen werden. Wer es nicht nötig hat, lügt nicht.

Denn das Lügen ist eine sehr mühselige Kunst. Sie verlangt schauspielerisches Talent, gutes Gedächtnis – vor allem die Gabe, die Lüge in möglichst vielen ihrer Konsequenzen vorausberechnen zu können. Wer es nicht nötig hat, lügt nicht: aus Faulheit und aus Unbegabtheit. Allerdings in Ohnmacht zur Lüge ist lange noch nicht Liebe zur Wahrheit. (Nietzsche)

Es gibt jedoch einen Zwang zum Lügen, der die Trägheit überwindet. Die Unterdrückung ist der Vater der Lüge. Die Lüge ist die Waffe des Unterlegenen, die der Mensch auf demselben Wege erzeugt hat wie der Tintenfisch die dunkle Flüssigkeit, welche ihn dem Verfolger entzieht. Wenn man noch nicht kräftig genug ist, mit den Fäusten sich zu wehren, dann ist man doch schon kräftig genug, mit der Lüge zu entwischen. Die Lüge ist die Defensive der Unbewaffneten. Mag die Lüge bisweilen auch Vergewaltigung sein – sie ist in viel höherem Grad das genaue Gegenteil: Befreiung von einer Vergewaltigung. Die deutschen Idealisten irrten sich: mit der Lüge wird die Freiheit nicht immer vermindert und sehr oft vermehrt.

Die Mächtigen suchten natürlich den Unterdrückten diese furchtbare Wehr zu entwinden. Sie taten es mit der Beschwörung

»Du sollst nicht lügen«. Das »Du sollst nicht lügen« war bisher der Kitt jedes Macht-Gefüges. Mit dem Gebot »Du sollst nicht lügen« verleibte sich jede Gesellschaft die Heranwachsenden ein. Denn die Lüge ist der einzige schmale Pfad, auf dem sich ein Knirps der Gewalt, mit der ihn seine Gruppe zu unterjochen sucht, entziehen kann. Deshalb ist es so wichtig, daß das »Du sollst nicht lügen« in die Seele jedes Neu-Angekommenen tief eingerammt wird. Der Historiker Herodot berichtet von den Persern: »Ihre Söhne werden von dem fünften bis zum zwanzigsten Jahr nur in drei Dingen sorgfältig unterrichtet: im Reiten, im Bogenschießen und – die Wahrheit zu sagen.« Es ist ohne weiteres verständlich, warum ein junger Perser reiten und schießen lernte. Die Notwendigkeit eines Trainings im dritten Lehrfach, der Aufrichtigkeit, ist nicht ganz so klar – auf den ersten Blick. Es ist nicht klar für den Erwachsenen, der sich der Gewalt seit langem unterworfen hat – und so, mehr oben oder mehr unten, ein Teil dieser Gewalt geworden ist. Der Erwachsene spürt deshalb nicht mehr das Gewicht, mit dem seine Gesellschaft das Kind herunterdrückt. Das Kind aber ist ein leidendes Passivum. Das Kind wird hergerichtet – auch wenn man dieser Herrichtung den stolzen Namen Erziehung gibt. Wenn Kinder, hemmungsloser als Erwachsene, geneigt sind, zu lügen, so kommt es daher, daß sie noch nicht so vollendet gedrillt sind – und so häufiger sich versucht fühlen, zu desertieren, der Zwangsjacke, in die sie gesteckt werden sollen, zu entfliehen. Die Lüge ist eine Flucht. Der Lügner ist ein Ausreißer. Mit der Lüge kann man sich vielleicht, selbst wenn man nur ein Dreikäse-Hoch ist, dem wohletablierten Regiment der Eltern, der Lehrer, der Rabbiner, der Partei, der Administration und dem restlichen Zwangs-Apparat etwas entziehen. Lüge ist Macht-Entziehung, vorgenommen von den Schwächeren an den Stärkeren. Die Lüge bringt ein Element der Unsicherheit in das Herrschafts-System. Die Herrschenden aber fordern: »Du sollst nicht lügen«! Du sollst zuverlässig der bestehenden Macht-Konstellation dienen.

Ein Hindu der Ebene, aus dem Nerbudda-Tal, wurde einmal gefragt: weshalb die unkultivierten Waldvölker im Norden und im Süden so zuverlässig seien. Er antwortete: Sie haben den Wert der Lüge noch nicht erkannt. Das war die Antwort eines Unterlegenen. Der Wert der Lüge liegt für ihn in der Unzuverlässigkeit. Es ist die Wert-Ordnung des Sklaven. Die Haupt-Tugend des Sklaven, vom Herrn aus gesehen, ist seine Zuverlässigkeit. Die Haupt-Chance des Sklaven, herauszukommen, liegt in der Lüge.

Die Lüge wächst also im Bezirk der Macht. Ihre konkrete Bedeutung ist nur innerhalb einer ganz konkreten Macht-Situation zu bestimmen. Man täte aber nun all den oben erwähnten Denkern Unrecht, wenn man übersähe, daß auch sie ab und zu diesen Zusammenhang gemerkt haben. Die Geschichte der Philosophie ist nicht in allen Partien eine Geschichte von gescheiten Vernagelten. Selbst Fichte, der alles Mögliche angestellt hat, um aus dem »Du sollst nicht lügen« ein Mysterium hohen Grades zu machen, gestattete sich einmal (im Jahre 1798) einen höchst realistischen Blick auf das von ihm geschaffene Mysterium: »Alle Falschheit, alles Lügen, alle Tücke und Hinterlist kommt daher, weil es Unterdrücker gibt.« Und wenn auch Schopenhauer die Lüge pathetisch abgelehnt hat – wie nur irgendein Kirchenvater, so ging doch auch ihm die Funktion der Lüge als Verteidigungswaffe auf: »Wie, trotz dem langen Frieden, das Gesetz jedem erlaubt, Waffen zu tragen und zu gebrauchen, nämlich im Fall der Notwehr; so gestattet für denselben Fall, aber ebenso auch für diesen, die Moral den Gebrauch der Lüge.« Also: zugelassen als »Notwehr«! In allen anderen Fällen aber ist die Lüge eine Feigheit.

Doch, was ist »Notwehr«? Der stolze Bürger Schopenhauer war ein unabhängiger Privatgelehrter, der es nicht einmal nötig hatte, Universitätsprofessor – und höflich zu sein. Für ihn gab es nur wenig »Notwehr«; so erlaubte er auch nur wenig Lüge. In »Notwehr« fühlte er sich eigentlich nur gegen zwei Feinde: gegen Räuber – und gegen die Aufdringlichkeit des Mitmenschen. Deshalb gestattete er ausdrücklich die Lüge im Kampf »gegen unbefugte Neugier«. Andere Menschen müssen sich gegen viel mehr Not wehren. Das Recht der Lüge geht so weit wie die Not.

Nach diesem Einblick in die Geburt der Lüge aus der Ohnmacht ist es nicht mehr möglich, die Lüge schlicht als gewalttätig zu bezeichnen – und nicht vor allem auch als das Gegenteil: als Rebellion gegen Gewalttätigkeit. Und da die Vergewaltigung immer riesengroß war, wurde zu allen Zeiten aufrührerisch gelogen; wenn auch dieser Aufruhr allzu häufig beeinträchtigt wurde durch ein Gewissen, das von der offiziellen Moral verkrüppelt worden war. Und da die Vergewaltigung in diesen Tagen unermeßlich ist, so steht die kämpferische Lüge heute im schönsten Flor. Man wage es einmal, vor einem Pariser, der zu inquisitorischem Zweck auf die deutsche Kommandantur geladen ist, oder vor einem Jugoslawen, der von einem italienischen Vogt verhört wird, eine Tafel mit dem Gebot »Du sollst nicht lügen« aufzupflanzen.

Die Lüge ist gewalttätig oder ein Widerstand gegen Gewalt – je nachdem, wer lügt. Und wer nennt das Lügen feige? Wer es nicht nötig hat! Es gibt nicht nur eine Lüge aus berechtigter Feigheit, es gibt auch eine Feigheit vor dem Problem der Lüge. Von Plutarch bis zu Schopenhauer ist die Lüge als servil verachtet worden. In dieser Verachtung steckt die ganze Überheblichkeit des Herrn – und seine Ästhetik. Man unterliegt dieser Ästhetik, wenn man die Wehr mit geschlossenem Visier, welche Lüge genannt wird, nicht so erbaulich findet wie die Wehr mit offenem Visier, welche Wahrhaftigkeit genannt wird – und in der bürgerlichen Zeit sich als Bürgermut vor Königs-Thronen monumentalisiert hat. Ganz gewiß, Knechtschaft und Lüge gehören zusammen. Aber man wird nicht zum Knecht, weil man lügt, sondern man muß lügen, weil man zufällig ein Knecht ist – und nicht Herr wie Plutarch, Montaigne, Bacon, Fichte, Schopenhauer und Scott. Diese Herren haben geirrt im Gegenstand ihrer Verachtung. Verächtlich ist nicht, wer lügt, sondern wer zum Lügen zwingt. Verächtlich sind nicht die lügnerischen Servilen, sondern die, welche auf ihre Kosten leben; welche es nicht schwer haben, das Lügen zu verschmähen und zu schmähen. Die Wahrhaftigkeit ist oft nur die Haltung von Menschen, die es sich leisten können, sogar noch die konventionellen Lügen über Bord zu werfen – nach Art des groben Schopenhauer. Die Wahrhaftigkeit kann ebenso zur Schaustellung der Macht gehören wie ein Palast oder ein Gestüt. Ja, die Wahrhaftigkeit ist der Prunk der Exquisitesten, die Protzerei der Ganz-Feinen. Das übersahen die Herren leicht – wenn sie nebenbei auch noch Idealisten waren: das heißt ohne Instinkt für die Macht, die sie trug.

So haben einige noble philosophische Feinde der Lüge, die viel zu vornehm waren, um die Unwahrheit zu sagen, mitgewirkt an der Etablierung des »Du sollst nicht lügen«.

Du sollst lügen

Neben dem »Du sollst nicht lügen« tauchte hier und da – wenn auch nicht so häufig und viel leiser – in den Gesetzen der Völker ein »Du darfst lügen«, »Es ist schön zu lügen«, ja, »Du sollst lügen« auf.

Du darfst lügen – und zwar nicht nur mit Lügen, die eigentlich garkeine sind. Du darfst lügen, soweit es die Macht über dir fördert. Du darfst, wenn du ein Moslem bist, lügen: um deine Frau zu überreden und Ungläubige zu beschwindeln; das sind die zwei Völkerschaften, über denen noch ein unterworfener Moslem Herr sein darf. Martin Luther äußerte einmal bei einer Zusammenkunft mit den Räten des Landgrafs von Hessen: »Was wäre es, ob einer schon um Besseres und der christlichen Kirche willen eine gute, starke Lüge täte.« Du darfst also im Dienste der christlichen Kirche lügen. Aber »Du sollst nicht lügen«, wenn die christliche Kirche nichts davon hat – oder gar geschädigt wird. Luthers Gegner, die Jesuiten, prägten zwar nicht den Satz vom Zweck, der die Mittel heiligt (also zum Beispiel auch die Lüge) – aber handelten dementsprechend. Selbstverständlich gaben sie die Lüge nur als Mittel zum Zweck ihres Herrn, des Papstes, und seines Instruments, der Societas Jesu, frei.

Bisweilen ist es geradezu schön zu lügen. In den *Gesetzen des Manu* heißt es: »Wenn in einigen Fällen ein Mann, der es besser weiß, falsches Zeugnis ablegt und aus einem guten Grund, so verliert er den Himmel nicht; ja man nennt solch ein falsches Zeugnis die Götter-Rede.« Und noch einmal einen Schritt weiter – und »Du sollst lügen«! Du sollst lügen (nach Konfuzius), wenn du als Vater das ungerechte Verhalten deines Sohns oder als Sohn das ungerechte Verhalten deines Vaters zu verbergen hast. Du sollst lügen (nach Platon), wenn du an der Spitze des idealen Staates stehst – und zum Beispiel die Militärs so verheiratest, daß sie selbst glauben, die Frau ihrer Wahl genommen zu haben, während du sie (lügnerisch, betrügerisch) nach den Gesetzen der Eugenik gepaart hast. Es war der Wahrheits-Fanatiker Platon, der die »noble, königliche Lüge« nicht nur zuließ, sondern propagierte. Und auf dem Gipfel des europäischen Idealismus – im Deutschen Idealismus, der doch die Lüge verketzerte, wie niemand vorher und nachher, war das höchste Wesen: ein Gott der Lüge. Hegel verkündete diesen Lügner-Gott. Er führt bei ihm den Namen »Vernunft«. Und eins ihrer Hauptmittel, die Menschen vorwärts zu bringen, zum Fortschritt zu bringen, ist »die List«. Diese »List« besteht darin, daß die »Vernunft« den Menschen glauben läßt, er fördere sein eigenes Interesse – während er tatsächlich das Interesse der »Vernunft« seines Herrn fördert. Gott »Vernunft« lügt ebenso pflichtgemäß wie ein platonischer Philosophen-König. Wenn sich die Lüge nicht einer bestehenden Herrschaft entzog – sondern sie stützte, konnte sie es sogar bis zur Vergottung bringen.

Das Gebot »Du sollst nicht lügen« ist also nicht der Gegensatz des Gebotes »Du sollst lügen« – wenn beide Gebote dasselbe wollen: die Aufrechterhaltung eines Macht-Zusammenhangs. Worin also besteht der Wert oder der Unwert der Lüge? Antwort: Worin besteht eigentlich der Wert des Hammers? Ich kann mit dem Hammer eine Landkarte an die Wand nageln – und einem Menschen den Kopf einschlagen. Ich kann mit der Lüge einem alternden Mädchen eine freundliche Illusion schenken – und mit derselben Lüge ein junges Mädchen vernichten. Die Lüge ist ein Werkzeug, zu vielem verwendbar. Sie ist besser noch zu vergleichen mit einem Glied des Körpers, etwa der Hand –

wegen der größeren Intimität mit der Person. Woher stammt die Lüge? Weshalb sollst du nicht lügen? Weshalb sollst du lügen? Die Lüge ist das Produkt der Gewalt – und kann nach beiden Seiten schlagen. Und erst, wenn wir die Lüge im Interesse der Gewalt unmoralisch und die Lüge gegen die Gewalt moralisch nennen – haben wir einen Maßstab zur Bewertung der Lüge in jedem konkreten Fall. Machen wir uns das an einem vertrauten und komplizierten Beispiel klar: an der berüchtigsten Lüge dieser Tage, der nationalsozialistischen.

Die nationalsozialistische Bewegung war im Beginn der Kampf einer Handvoll machtloser Gesellen gegen eine Macht, die zwar nicht so einheitlich war, wie der Name »Weimarer Republik« es vorspiegelte – aber jedes Teilchen dieser Macht wäre imstande gewesen, die Bewegung in einer Minute zum Stillstand zu bringen. In diesem ungleichen Kampf wurde die klassische Waffe der Ohnmächtigen, das Lügen, von den Nationalsozialisten auf das psychologische und technische Niveau der Zeit gebracht – der Vorstellungswelt und Apparatur des Europäers von heute angepaßt. Und da der Erfolg des Lügens abhängt von der genauen Einsicht in den psychologischen Mechanismus der Person, die getäuscht werden soll, so bildete der Nationalsozialismus diesen Bezirk der Psychologie vortrefflich aus.

Die Notwendigkeit, mit Hilfe der Lüge zu kämpfen, blieb auch dann, als die kleine Eichel im Jahre 1933 ein starker Eichbaum geworden war. Der Kampf wiederholte sich nun auf internationaler Ebene; es begann – um das offizielle deutsche Bild zu gebrauchen: der Kampf der kleinen Proletarierin Germania gegen den Ring der großmächtigen Imperien. Mag diese Deutung richtig oder falsch sein – sie ist jedenfalls die aufrichtige Interpretation des beteiligten »Proletariers«. Mit diesem Selbst-Bildnis als Habenichts steht nun der nationalsozialistische Preis-Gesang auf die Lüge in innigster Beziehung. Das nationalsozialistische »Du sollst lügen« hat also eine moralische Wurzel: den Willen zum Umsturz eines Systems, in dem es Proletarier-Staaten gibt. Es ist nicht nur ein gutes Gewissen, es ist auch ein sittliches Pathos hinter dieser Lüge. So sind jene sogenannten anständigen Nationalsozialisten überhaupt erst möglich geworden. So ist die Stabilität dieses deutschen Regimes, wie es sich im Krieg erwiesen hat, überhaupt erst möglich geworden. Aber das ist erst die halbe Wahrheit über die nationalsozialistische Lüge. Und die andere Hälfte ändert das moralische Urteil.

Die Bewertung der Lüge wäre sehr einfach – wenn sie nur zum Umsturz eines Gewalt-Verhältnisses zwecks Verwirklichung eines gerechteren Zustands zu verwenden wäre. Dann brauchte im Gebot »Du sollst nicht lügen« nur dieses kleine »Nicht« gestrichen zu werden, alles wäre in schönster Ordnung – und die Nationalsozialisten würden mit ihrer Verherrlichung der Lüge nicht nur eine neue Ordnung, sondern auch eine moralischere Ordnung propagieren. Das Komplizierte liegt nur darin, daß die Lüge (erstens) nicht nur zum Umsturz, sondern auch zur Konservierung eines Gewalt-Verhältnisses zu gebrauchen ist; und daß (zweitens) die Bewertung des Umsturzes einer unmoralischen Ordnung (und also auch die Bewertung der dabei benutzten Lüge) davon abhängt, was man auf dem Schutt-Platz errichten will.

Nehmen wir einmal, eine Minute lang, an, die deutsche Selbst-Interpretation ihres Kampfes als Freiheits-Kampf, als Erhebung des revolutionären Habenichts Deutschland wäre richtig – und so wäre die Lüge, die Waffe der Unterdrückten, mit gutem Recht benutzt worden. Nehmen wir weiter noch an, daß das Ziel des gerechten Umsturzes sogar eine weitere Benutzung der Lüge rechtfertigte: die lügenhafte Vergewaltigung des deutschen Volkes. Nehmen wir das alles an, verteidigen wir in diesem Ausmaß die deutsche Lüge – selbst dann bleibt immer noch bestehen, was die nationalsozialistische Empörung gegen eine wirklich ungerechte Ordnung völlig entwertet: das aufrichtige Ziel der Nationalsozialisten – die neue Ungerechtigkeit, die sie, gemäß ihrem eigenen Geständnis, an die Stelle der alten Ungerechtigkeit setzen wollen. Das Hitler-Volk hat kein Recht auf Gerechtigkeit: weil es, von den Fesseln von Versailles befreit, einen größeren Teil der Welt zu fesseln beabsichtigt. Das Hitler-Volk hat kein Recht zur Lüge, weil es, mit ihrer Hilfe, nicht nur Unterdrücker beseitigen, sondern vor allem sich als Unterdrükker etablieren möchte. Hitler hatte recht, dieses »Du sollst nicht lügen« im Munde seiner Gegner eine elende Heuchelei zu nennen. Er aber setzte an Stelle der heuchelnden Vergewaltigung die nackte Vergewaltigung. Und diese Aufrichtigkeit Hitlers ist unmoralischer als die Unaufrichtigkeit seiner Gegner. Nietzsche sagte einmal: »Die Lüge ist, wenn nicht die Mutter, so doch die Amme der Güte.« Die Vorspiegelung der Güte fordert die Güte. In der Lüge der Hitler-Gegner ist immer noch mehr Humanität als in der Ehrlichkeit Hitlers.

Aber der primitive Moral-Kodex des »Du sollst nicht lügen«, den die sogenannten Anti-Faschisten an die nationalsozialistische Welt als Maßstab bringen, steht auf dem Niveau der Vorstellung vom Schwarzen Mann. Er ist entweder Borniertheit oder Scheinheiligkeit. Es fehlt hier vor allem diese Einsicht: Es liegt nicht an ihren Lügen, daß die Nationalsozialisten so schrecklich sind – es liegt an ihren Aufrichtigkeiten. Der Schwindel, den sie getrieben haben, läßt sich noch unter der Etikette Kriegslist bagatellisieren; solange es Kriege gibt, wird es logischerweise auch Kriegs-Listen geben. Nicht bagatellisieren aber läßt sich, was sie aufrichtig als ihren Willen bekundet haben: die totale Vergewaltigung. Nicht daß sie die Papens und Lavalles und Neville Chamberlains belogen haben, ist den deutschen Lügnern vorzuwerfen – sondern daß *Mein Kampf* ganz aufrichtig die Sehnsucht spiegelt, die sie mit ihren Lügen verwirklichen wollen.

Was ist also die Lüge? Ein Gestirn, das weder ein eigenes Licht noch ein eigenes Dunkel besitzt, sondern alles erst von außen erhält.

So ähnlich sagt's der Pfarrer auch –
Aber auf die Unähnlichkeit kommt es an!

Nun haben wir noch einmal zu beginnen und zu bekennen, daß diesem »Du sollst nicht lügen« durchaus nicht Genüge getan ist, indem die Wurzel der Gewalttätigkeit, von der dieses Gebot auch abstammt, freigelegt wird. Wir haben jetzt die Zweideutigkeit der höchsten »Du sollst« im Falle des »Du sollst nicht lügen« zu beschreiben: die Zweideutigkeit liegt darin, daß wirklich etwas von dem im Gebot steckt, was der Pfarrer meist nur töricht oder betrügerisch vorgibt.

»Du sollst nicht lügen« enthält noch eine andere Wahrheit als die, welche sie innerhalb des Bereichs der Gewalttätigkeit besitzt. Diese Wahrheit liegt in einer Sehnsucht, die an diesem Gebot mitgebildet hat. Und diese Sehnsucht scheint nur deshalb so verzerrt – zur Lüge verzerrt, zur lyrischen Blähung verzerrt, weil, was in der Welt der Sehnsucht ein klares, eindeutiges absolutes Gebot wäre, in der existierenden Welt so zweideutig ist, daß die elendsten Kreaturen hervorragend mit ihm operieren können. In dem »Du sollst nicht lügen« ist der Befehl des Vogtes und die Sehnsucht des Utopisten unauflöslich ineinandergeheddert. Wenn man das »Du sollst nicht lügen« nicht als Machtmittel entlarvt, ist man ein Depp; und wenn man glücklich entlarvt hat – ist man ein hoffnungsloser Aufklärer. »Du sollst nicht lügen« heißt: Du sollst den Krallen der Macht über dir nicht entwischen. »Du sollst nicht lügen« heißt aber auch: Du sollst es nicht nötig haben, zu lügen. Du sollst in einer Welt leben, in der das Lügen eine Unterdrückung oder eine Feigheit – und deshalb verdammenswert ist. So scheint in diesem Gebot eine Welt mit ihren Gesetzen durch, deren Heiligkeit, in dieses Leben gesetzt, eine Scheinheiligkeit ist.

Ein Gleichnis. Als die deutschen Landsknechte im Mittelalter Rom eroberten, schufen sie eine eindrucksvolle Szene. In St. Peter, in der Sixtinischen Kapelle des Vatikans fraßen und verdauten Pferde; als Streu dienten päpstliche Bullen und antike Manuskripte. Über die Hoch-Altäre rollten Würfel. Das Schweißtuch der heiligen Veronika wurde in den Tavernen meistbietend versteigert. Ein berühmtes Kruzifix wurde in Landsknechtskleider gehüllt. Den dicken, zwölf Fuß langen

Strick, an dem sich Judas erhängt hatte, stopfte ein Deutscher in sein Reisegepäck. In den langen Gewändern der Kirchenfürsten, mit roten Kardinalshüten bedeckt, ritten die Fresser, Säufer und Hurer auf Eseln durch die Straßen und eroberten die Stadt. Der bayerische Hauptmann Wilhelm von Sandizell hatte sich als Papst verkleidet. Seine Knechte, als Kardinäle ausstaffiert, mußten ihm Hände und Füße küssen. Mit einem Glas Wein erteilte er ihnen den Segen; sie erwiderten durch Zutrinken. Unter Trommel- und Pfeifenklang zog die Rotte in die Leo-Stadt ein. Vor der Engelsburg fand ein deftiges Konklave statt. – Aus dem Gleichnis zurückübersetzt: Das »Du sollst nicht lügen« ist in die Hände der Landsknechte gefallen – und sieht dementsprechend aus.

Sind die, welche als Lügner revolutionieren, in einem höheren Grade Mensch, als die, welche mit dem »Du sollst nicht lügen« unterdrücken? Sie sind gefangen in demselben furchtbaren Zirkel von Druck und Gegendruck. Nicht nur die Unterdrückung verkrüppelt, sondern auch der Aufruhr. Nicht nur das »Du sollst nicht lügen« des Einpeitschers ist unmenschlich; unmenschlich ist auch noch die aufsässige Lüge. Die aufsässigen Unterdrückten manifestieren ebenso wenig menschliches Glück wie Fieber Gesundheit manifestiert. Damit sollen die Herrn und die Geknechteten nicht auf dieselbe Ebene gebracht werden. Aber wenn Thomas Campanella sagt: »Schön ist das Lügen, wenn es viel Gutes stiftet« – so ist hinzuzufügen: schön ist das Lügen nie; es ist immer eine Not. Schön ist es höchstens in dem beschränkten Sinne, in dem eine Korrektur des Häßlichen schön genannt werden kann. –

Die »schöne« Szene spielte in Afrika. Ein englischer Sportsmann zielte auf eine Antilope. Ist sie tot? fragte er. Ja! antwortete ein Mann von Zambesi, die Kugel ging direkt ins Herz.

Weshalb sagte der Afrikaner nicht die Wahrheit? Er verteidigte sich folgendermaßen: »Er ist mein Vater, und ich dachte: es würde ihm nicht gefallen, wenn ich ihm sagte, daß er überhaupt nicht getroffen hätte.« Es ist schwer, zu entscheiden, ob in dieser Antwort mehr die Angst und die Vorsicht eines »Wilden« oder das Mitgefühl eines Humanen steckt. Livingstone, der diesen

Fall berichtet, kommentiert ihn in seiner *Expedition to the Zambesi* folgendermaßen: »Die Afrikaner haben das liebenswürdige Verlangen, sich angenehm zu machen, und sagen oft lieber, was sie für erfreulich halten, als die nackte Wahrheit.«

Man findet dieses »liebenswürdige Verlangen« nicht nur in Afrika. Es gibt eine liebenswürdige Lüge und eine unliebenswürdige Wahrheit außerhalb des Machtbereichs. Viele Aufrichtigkeiten sind nichts als barbarische Manieren – und viele Lügen sind Zeichen von Menschlichkeit. »Log ich je, so log ich aus Liebe«, sagte Nietzsches Zarathustra. Das Lügen hat auch eine Wurzel, die sich herleitet vom großen Ursprung humaner Gesinnung. Wir lügen mit Hilfe des Friseurs und des Schönheits-Instituts, mit Hilfe des Schneiders und des Zahnarztes. Wir lügen auch hier aus Ohnmacht – und wir lügen auch hier, um zu übermächtigen. Aber wir lügen auch aus Sympathie. Es ist unter anderem auch human, gefallen zu wollen. Es ist unter anderem auch die Vorwegnahme einer menschenwürdigeren Welt, diese Welt zu fälschen.

Die reine Lüge

Es gibt wirklich auch noch die Lüge an sich: die Lüge um der Lüge willen, die l'art pour l'art-Lüge, die Lüge jenseits von Gut und Böse, von Macht, Ohnmacht und Sympathie.

Alles, was der Mensch kann, kann ihm zum Genuß werden – nur deshalb, weil er es kann. Der Mensch kann sein Können genießen: das Holz-Hacken, das Tennis-Spielen, das Bildungsfragen-Beantworten und das Lügen. Es gibt eine Meisterschaft im Lügen wie im Boxen – und es gibt eine Freude an der Potenz im Lügen, wie es eine Freude an anderen Potenzen gibt. Und so, wie vielen Männern am Können mehr liegt als an der Befriedigung (sie haben ihre Befriedigung im Können!) – so ist vielen Lügnern das Lügen wichtiger als irgendein Resultat mit Hilfe des Lügens. Es gibt Zauberer, die glücklich sind, ihren Mitmenschen eine Henne nebst Ei aus dem linken Rockärmel zu ziehen – und es gibt Lügner, die sich mit ähnlichen Kunststücken ähnlich vergnügen. Es soll Neger geben, die, wenn sie einem Europäer schmeicheln wollen, voller Bewunderung sagen: »Oh, Vater, Du bist ein großer Lügner.« Das ist das Staunen vor dem Taschenspieler.

Manche Gruppen stehen im Ruf, die Lügenkunst besonders großartig ausgebildet zu haben. Man sagte es im Altertum von den Griechen. Die Ethnographen sagen es heute den Neuseeländer Maoris, den Fidschi-Insulanern, den Dieyeries in Südaustralien nach. Zu diesen Gruppen muß man gehen, um die Lüge an sich, die pure, unverfälschte, mit keinem Sinn beladene Lüge in voller Blüte zu sehen.

Es ist vielleicht die einzige Lüge, die noch den Anbruch des Paradieses am Ende aller Tage überleben wird.

Lügen ohne Lügner

Die Lüge wächst in allen Richtungen.

Ist das alles nicht höchst unzeitgemäß – zum Beispiel diese Begeisterung für die Lüge als Schutz gegen die Neugier des Nebenmenschen? Und was geht uns jene freundliche Samariter-Lüge am Wöchnerinnen-Bette an – heute, im Zeitalter der wenig freundlichen Massen-Belügungen?

Es ist eine zeitgemäße Vorstellung, daß der Einzelne unzeitgemäß geworden ist. Wo jeder Knirps nur noch »geopolitisch« denkt – in Rassen und Kontinenten oder doch wenigstens in Nationen von hundert Millionen aufwärts oder zumindest in Klassen, Schichten und Grüppchen: wird über der großen Zahl die Grundzahl vergessen: die Eins, der Einzelne. In einer Welt, in der selbst Theologen und Metaphysiker statistisch meditieren, ist der Einzelne zum Partikelchen geworden; und erst aus hunderttausend solcher Partikelchen wird eine Ziffer in einer Kolumne – offenbar die einzige Realität. Nun, man muß die Eins mit zwei

Millionen multiplizieren, um zur Menschheit zu gelangen; dennoch ist der Mensch nicht ein Zweimilliardstel. Die Beachtung des Menschen nur im Plural, in einem ganz hochziffrigen Plural, ist nicht weniger unmenschlich als jene berühmte, den Plural verachtende Vers-Zeile des Dichters Stefan George: »Schon Eure Zahl ist Frevel.«

Man interessiert sich heute fast ausschließlich nur für die Lüge, mit der Massen belogen werden. Die Belügung en gros ist nicht mit der Sensations-Presse, dem Radio und dem Propaganda-Ministerium in die Welt gekommen. Neu ist weder die hohe Zahl der Belogenen noch die Totalität der Belügung, noch ihre Melodie. Neu ist die Instrumentation und die Distribution der Lüge; abgesehen davon ist der demagogische Rattenfänger immer derselbe gewesen. Der Athenische Gerber Kleon (zur Zeit des Perikles) und der Syrakusanische Stadtschreiber Dionys (zur Zeit des Platon) und der Italienische Winkeladvokat Cola di Rienzi, der vor sechshundert Jahren den Italienischen Einheits-Staat propagierte, haben sich schon ebenso gebärdet und haben schon ebenso geklungen und haben schon ebenso en masse belogen – wie ihre heutigen Re-Inkarnationen.

Da war also dieser Cola di Rienzi. Er nannte sich »Konsul der Witwen, Waisen und Armen«, schrie gegen die Reichen – und kam mit ihrer Hilfe hoch. Wenn er Dokumente zu signieren hatte, benutzte er eine silberne Feder, um durch dieses edle Werkzeug die Größe der staatlichen Würde zu bezeugen. Aus eigener Machtvollkommenheit verlieh er sich ein von ihm selbst entworfenes Wappen: eine goldene Sonne auf blauem Grunde, deren sieben Strahlen je in einen silbernen Stern münden. In selbst-erfundener Tracht, einem Gewande aus Weißem Gold, trat er auf; ein von ihm erdachtes Szepter, das aus Stahl geschmiedet war, in der Hand. Und er war nicht nur der Staatsmann und Künstler, auch noch der Heiland der Seinen. Ihn umstrahlte nicht allein irdischer Glanz. Mit den Worten des Psalmisten verkündete er: »Den Erdkreis werde ich richten mit Gerechtigkeit und die Völker mit Billigkeit.« Auf den Stufen von St. Peter standen die Dom-Herren und sangen ihm entgegen: »Veni

Creator Spiritus.« Im Baptisterium des Lateran stieg er in jene grün-basaltene Wanne, von der man sagte, daß in ihr Constantin der Große die Taufe erhalten hatte, und vom Aussatz erlöst worden war. Schließlich beförderte er sich zum »Kandidaten des Heiligen Geistes«. Das war die gute Grundlage für eine der erfolgreichsten Belügungen von Massen.

Hitlers Melodie ist der Lohengrin, nicht das »Veni Creator Spiritus«. Hitler besitzt Nietzsches Spazierstock, nicht Constantins Badewanne. Und beide Rattenfänger übten mit ihren Lügen denselben Zauber aus. Von Rienzi wird berichtet: Die Opfer drängten sich mit Tränen in den Augen an ihn heran. Männer und Frauen lächelten glückselig, weil sie das Wunder noch erleben durften. Und als er einmal den Wunsch bekundete, abzutreten, beantwortete ein entsetzter Aufschrei dies menschenfreundlichste Angebot. Sie rissen sich die Kleider vom Leibe, weinten wie Wahnsinnige, zerkratzten sich die Gesichter und versicherten: lieber würden sie sterben, als daß sie einem andern Herrn gehorchten – es gab schon immer diese mythologischen Bösewichter, die so innig geliebt werden. Das garnicht Neue wirkt so funkelnagelneu überhaupt nur im Vergleich mit dem unmittelbaren Vorher, das den Zeitgenossen zur Selbstverständlichkeit geworden war. Wir waren an parlamentarische Lügen gewöhnt; so wirkten diese lauten Sirenen, nach einem Jahrhundert parlamentarischen Komments, recht sensationell. Im Zeitalter Heinrichs VIII. und Cromwells hätte man diese Führer und Duces und Caudillos und ihre Lügen bestimmt nicht so angegafft.

Es gab Massen-Belügungen schon vor der Ära des Lautsprechers; ja, schon vor der Erfindung des Drucks – trotz aller feinen Rückwärts-Literaten, die der Welt einzureden versuchen, daß vor dem Fünfzehnten Jahrhundert das Paradies auf Erden geherrscht habe. Man kann, zugunsten dieser ur-alten guten Zeiten, höchstens das Eine sagen: Als noch nicht so viele Menschen da waren, brauchten auch nicht so viele belogen zu werden – und dieser Massen-Eintritt in die Welt, dieser Millionen-Zustrom zur Erde, ist (wenigstens in Europa und auf dem Amerikanischen Kontinent) erst ein Ereignis der letzten hundertfünfzig Jahre. Man kann, zugunsten dieser ur-alten guten Zeiten, vielleicht noch etwas Zweites und Drittes sagen. Als die Welt noch nicht so weit war und noch nicht so alt, hatte die Lüge noch nicht so viele Möglichkeiten, sich in dunklen Fernen einzurichten. Und als der Mensch noch nicht so belesen war – und als noch nicht so viel zum Lesen da war, konnte und brauchte noch nicht so kompliziert gelogen zu werden. Das ist das Gute an den guten alten Zeiten. Die Lüge ist ansehnlicher geworden mit der wachsenden Zahl der Menschen und ihrem wachsenden Horizont. Sie gedeiht ganz prächtig im Dickicht der lebenden Hochkultur.

Die Menschen-Welt ist immer größer geworden in Raum und Zeit; der Einzelne ist immer kleiner geworden. Es ist immer leichter geworden, ihn zu belügen. Die Welt eines Lehrers zu Athen um das Jahr Vierhundert vor Christi war durchschaubarer als die Welt eines Lehrers in der Stadt New York im Jahre 1944. Athen, die bevölkertste unter allen griechischen Städten, hatte, in der Zeit ihrer Fülle, dreihunderttausend Einwohner – und den Umfang einer deutschen Meile. Ganz Griechenland war etwa tausend Quadratmeilen groß und bevölkert von viereinhalb Millionen Menschen. Die Heimat eines Persers dieser Zeit war zwar größer als die Heimat eines Griechen – aber die Welt um diese Heimat herum war auch nicht größer, als Herodot sie aufgezeichnet hat: im Westen die Straße von Gibraltar, im Osten der Indus, im Süden der Nil, im Norden die Donau. Die Sinnes-Werkzeuge des Menschen sind seit diesen Tagen nicht mächtiger geworden; und die Krücken, die man erfand, haben die Sinnes-Werkzeuge nicht in dem Maß kräftiger gemacht, in dem die Welt größer geworden ist. Wo der Athener noch Erfahrungen machen konnte, muß der New Yorker bereits gläubig hinnehmen.

Die wichtigsten Glaubens-Artikel sind jene hochgradigen Abstraktionen, von denen man gesagt hat: Worte sind Treffpunkte, an welchen sich ganze Regionen von Erfahrungen treffen. Mit den Regionen ist auch das Wort – und mit dem Wort ist auch die Zahl der Verstecke für Lügner ungeheuer gewachsen. Das politische Repräsentativ-System ist nur ein Sonderfall der

Großen Worte – dieser Repräsentanten von tausend Details, die sich auch im weiträumigen Gehirn nicht mehr versammeln können. Man hat oft gefragt, weshalb die Griechen, die so viel über den Staat nachgedacht haben, nicht schon vor den Engländern das Repräsentativ-System entdeckten; sie dachten genau die entgegengesetzte Richtung. Aristoteles hielt es für die Voraussetzung einer gerechten Verwaltung: »daß die Bürger miteinander vertraut sind«; denn es ist nicht gerecht, willkürlich zu entscheiden, wie es sein muß, bei einer übergroßen Bevölkerung. Man kann die Nase rümpfen über diese Lokal-Gesinnung eines Gelehrten, der ganz offenbar nicht auf der Höhe des Welt-Reichs seines Schülers, des Großen Alexanders, stand. Er sah jedenfalls dies: je umfangreicher und differenzierter eine Gruppe ist, je umfangreicher und Gruppen-reicher die Welt ist – umso mehr Platz für die verhetzende Lüge.

Die Welt des Menschen ist noch in einer anderen Dimension gewachsen – und die Lüge profitierte davon. Noch vor hundertfünfzig Jahren war der Mensch (der Bibel gemäß) sechstausend Jahre alt. In der *Universal History*, die von einem Buchhändler-Syndikat im Jahre 1779 zu London veröffentlicht wurde, heißt es: »Die Welt wurde geschaffen im Jahre 4004 vor Christi Geburt in der herbstlichen Tag- und Nacht-Gleiche in Eden, am oberen Euphrat, genau zwei Tage-Reisen nördlich von Basra.« Heute hingegen sieht jeder Säugling auf Millionen Jahre zurück. Obwohl wir nun viel mehr von der Vergangenheit unserer Art wissen, als je ein Geschlecht vor uns gewußt hat – ist diese Vergangenheit dem Kundigen und dem Unkundigen viel schleierhafter, als sie je einem Geschlecht vor uns gewesen ist. Herodot stieß, die Vergangenheit des Menschen-Geschlechts betrachtend, noch nicht auf so viel Ungewißheiten wie Ranke, mehr als zweitausend Jahre später. In der Geschichte des Wissens wächst das Dunkel mit dem Licht, überwächst das Licht. – Es ist für einen Dieb aber schwerer, sich in einer kleinen Stube zu verbergen als in einem weiten Palast. Die Welt ist, vom Einzelnen aus gesehen, ein sehr weiter Palast geworden – im Raum der Zeit. Die Lüge ist um Verstecke nicht verlegen.

Und jede kleine Lüge läßt sich heute herrichten wie eine Königin. Wir haben uns gewöhnt, fasziniert auf die materielle Apparatur und Maschinerie zu starren – sie zu bewundern, sie zu verfluchen, je nachdem. Da ist aber neben diesen Stelzen für Augen und Ohren und Stimme und Beine und Arme noch eine intellektuelle Handhabe herangewachsen, die ebenso phantastisch ist. Der Weg ging nicht nur vom Schnell-Läufer zum Jagd-Flugzeug; auch von Herodot zu Spengler. Das intellektuelle Instrument, auf dem heute ein Massen-Belügner spielen kann, ist ebenso hochgradig wie das materielle Instrument, mit dem er töten kann. Es sind im Laufe der Jahrhunderte die kompliziertesten intellektuellen Techniken ausgearbeitet worden: die Welt optimistisch herzurichten oder pessimistisch, idealistisch oder materialistisch, individualistisch oder kollektivistisch. Man braucht nur das entsprechende Schubfach herauszuziehen – da liegt alles zur Herrichtung Notwendige beieinander. Jede Lüge ist glänzend zu inszenieren. Man kann mit Hilfe der kumulierten Denkarbeit der Jahrhunderte den Untergang des Abendlandes beweisen – oder auch, wenn man so will, den Untergang des Morgenlandes. Man kann beweisen, daß sich die Welt-Geschichte an diese Spiel-Regel hält oder an jede – daß sie die Bewegung eines Kreises macht, einer geraden Linie, einer Spirale, eines Tänzers im Dreiviertel-Takt. Man kann auch beweisen, daß die Welt-Geschichte die Sinngebung des Sinnlosen ist. Man kann das Primat des Christen beweisen, des Weißen, des Ariers – und daß auch der Juden-König David und Jesus von Nazareth, der Erlöser, Arier gewesen sind. Wie man durch das Radio schneller und umfangreicher belügen kann als durch das Pamphlet des Mittelalters, so kann man, dank der erreichten intellektuellen Feinheit, auch üppiger belügen und vor allem: unwiderlegbarer.

Es ist leicht geworden, die aufgeklärten und gebildeten Millionen gebildet zu belügen: durch Illustrationen aus dem Leben der Papuas und der Geschichte der freimaurerischen Konspirationen, durch Illustrationen aus dem Dasein der Kaiserin Theodosia und aus der Quanten-Theorie, durch Illustrationen aus den Protokollen der Weisen von Zion und der Astronomie. Jedes losgerissene »Faktum« paßt als Steinchen in tausend verschiedene Mosaiken. Es sollte einmal die Methodologie der Lüge so ausgearbeitet werden, wie die Methoden der Erforschung der Wahrheit ausgearbeitet worden sind. – Hier ist ein winziger Beitrag. Man kann Friedrich den Großen als Repräsentanten der Menschen-Verachtung zitieren. Er schrieb nämlich während des Siebenjährigen Kriegs: »Trotz aller Philosophen-Schulen wird der Mensch die schlimmste Bestie bleiben.« Man kann Friedrich den Großen auch als Repräsentanten des Humanismus zitieren. Er beendete seinen *Anti-Machiavell* mit dem Satz: »Wohlan: es gibt nichts Heiligeres als Menschen-Blut!« Man kann dann ein Stockwerk höher gehen und ihn in jedem von beiden Fällen als Repräsentanten des Deutschtums bezeichnen. Sind die Deutschen nun Bestien-gläubig? Oder wird die Welt an ihnen genesen?

Die Lüge hat heute das Riesen-Ausmaß einer Preußischen Staats-Bibliothek, eines Britischen Museums, einer Lenin-Bibliothek. Als die Bildung des Menschen noch bescheiden war, trat die Lüge recht anspruchslos auf: mit einem »Gott will es«. Im Zwanzigsten Jahrhundert ist in einem großen Teil der Welt das Argumentieren so weit Volksgut geworden, daß, um den Effekt des früheren, einfacheren »Gott will es« zu erzielen, man erst in dicken Büchern nachweisen muß – zum Beispiel: daß »ohne Eigentum keine Freiheit« ist; oder daß mit der Sozialisierung der Produktions-Mittel die Gewalt verschwindet. Je mehr Analphabetismus ist, umso schlichter ist diese Lüge; je mehr Bildung ist, umso prunkhafter ist sie und umso differenzierter – womit nicht für jenen paradiesischen Zustand Reklame gemacht werden soll, als Adam und Eva noch nicht vom Baum der Erkenntnis gegessen hatten. Wie einfach war einmal der Vorwurf gegen die Juden: daß sie Gott gekreuzigt haben. Und welche Vorstellungs-Welten mußte Richard Wagner in Bewegung setzen: um aus dem großen Schatz europäischen Wissens zu beweisen, daß die Juden eine ansteckende Rasse sind. Die Popularisierung des Wissens hat das Belügen vereinfacht; es können nun Schichten »ideelich« unterworfen werden, die früher nur faktisch zu packen waren.

Und gegen diese ideeliche Unterdrückung gibt es kaum eine Waffe. Die Rüstung einer gut gewappneten modernen Lüge ist selbst für die Gebildetsten bisweilen undurchdringlich. Das haben sich alle die prachtvollen Aufklärer von dem Abbé de St. Pierre und Voltaire bis zu Marx und Freud nicht träumen lassen. Gegen das simple »Gott will es« gab es immer noch eine ebenso simple Wolke. Die Wissens-Berge, die in dem halben Jahrhundert zwischen Houston Stewart Chamberlain und Oswald Spengler über den gebildeten Lesern gewälzt worden sind, drückten die Belogenen unerbittlich nieder. Das All ist zu groß geworden. Die Geschichte ist zu lang geworden. Das Denken ist zu mikroskopisch geworden. Der Einzelne lebt, mehr als zu irgendeiner Zeit, in einem Lianen-Gestrüpp, das er nicht durchschauen kann. Es war noch nie so leicht, zu lügen. Es war noch nie so schwer, nicht belogen zu werden.

Und ganz gewiß wurde der nicht so leicht dumm zu machende Bernard Shaw mit mehr Lügen gefüttert als sein älterer Zeitgenosse – jener letzte Tasmanier, mit dem, im Jahre 1876, die älteste noch in unsere Zeit reichende Kultur, die fünfundzwanzigtausend Jahre alte Kultur der Älteren Steinzeit, ausstarb.

Der entscheidende Unterschied zwischen Gruppen-Belügung und Gruppen-Belügung liegt aber nur obenauf in dem Umfang und in der Laut-Stärke der Lüge.

Der entscheidende Unterschied liegt darin: ob eine Lüge sehr jung ist oder dreißig Jahre alt oder in der vierten Generation oder in der vierzigsten. Wir sind heute vor allem fasziniert von den Lügen, die wir haben großwerden sehen mit ihren Lügnern. Wir sind gewohnt, diese Lügen bei ihrem Eigennamen zu nennen. Die Propaganda-Ministerien sind der Inbegriff dessen, was die Zeitgenossen unter Massen-Belügungen verstehen. Die jüngste Lüge nimmt ihre ganze Aufmerksamkeit in Anspruch. –

Aber – was heute in Deutschland Propaganda-Ministerium heißt, hieß vor fünfzehn Jahren noch Kultus-Ministerium. – Und log auch, wenn auch nach einem anderen Ritual. Heute wird von den Deutschen Ideen-Verteilern die Theologie der Rasse propagiert – wie zuvor: die Theologie der Nation und noch ein Stückchen zuvor: die Theologie des Heiligen Römischen Reichs Deutscher Nation. Die leitenden Ideen waren immer schon zum guten Teil die leitenden Lügen. Und die leitenden Lügen waren immer schon zum guten Teil der psychische Kitt, der das Macht-Gefüge zusammenhielt – ob es nun mehr nach Macht aussah oder mehr nach Gefüge.

Die massive zeitgenössische Lüge, die einen so kräftigen Eindruck macht, ist viel auffälliger, als es die zartere Lüge von gestern war. Wer den Reichstags-Brand erfunden hat, ist bekannt. Aber wann und durch wen und wie wurde Gott zur Lüge? Wann und durch wen und wie wurde die Vernunft zur Lüge? Wann und durch wen und wie wurde die Lehre vom Gesunden Menschen-Verstand zur Lüge? Wann und durch wen und wie wurde die freie, nur sich selbst verantwortliche Nation zur Lüge? Diese unauffälligeren, viel weniger grellen Lügen sind in den Hintergrund gerückt. Und die Zeitgenossen haben vergessen, daß es Lügen gibt, die viel älter sind als wir – und immer noch leben und die schreierischsten Lügen des Tages überleben werden. Wer am Anfang des Jahrhunderts in eine Deutsche Schule kam, wurde nicht so flagrant belogen wie ein Goebbels-Schüler im letzten Jahrzehnt. Aber war diese Mischung aus Preußen, Platz an der Sonne und des Attischen Reiches Herrlichkeit nicht schon damals so frech und so lügenhaft wie nur irgendeine Goebbelssche Lüge? Nur war jene Lüge älter. Auf jener Lüge lag die Patina der Tradition. Und jener Lüge war kein prominenter Lügner zugeordnet. Wir sind Zeitgenossen von so großen, so erfolgreichen, so blendenden, so gegenwärtigen Lügen, daß wir die ererbten anonymen übersehen, in denen wir großgeworden sind.

Wir überhören sie; denn sie waren viel leiser – wenn auch, ausnahmsweise, schon Napoleon und Richard Wagner und Wilhelm II. geschrieben haben, als wären sie Hitler persönlich. Es ist das Laute, das Blecherne, das aufgeregt Wagnerische, das grell Wilhelminische, das frech Hakenkreuzlerische, das den

Lügen dieses Tages ihre Schrecklichkeit zu verleihen scheint. Vor diesem Lügen-Lärm erscheinen die Lügen leiserer Zeiten so respektabel, daß sie für uns schon fast nicht mehr wie Lügen klingen. Aber das ist eine akustische Täuschung. Hitler brauchte nur lange genug zu herrschen – und ihm würde eine so leise »Kultur« zuwachsen, daß er es mit Bismarck aufnehmen könnte. Dionys von Syracus, der furchtbarste Tyrann des Alten Griechenland, wurde, nachdem er sechsunddreißig Jahre regiert hatte, von der berühmten Demokratie Athen mit einem Literatur-Preis und dem Ehrenbürger-Recht ausgezeichnet. »Durch die Dauer und das Alter einer Herrschaft«, sagt Machiavelli, »verlischt die Erinnerung an die Neuerungen und den Anlaß.« Der Beginn ist immer laut und schmutzig. Die Jahre machen immer vornehm. Auch die Gemeinheit kann reif und abgeklärt werden. Die lauten, aufdringlichen, plebejischen Lügen werden eines Tages sanft und fashionable. Die Ton-Stärke ist nichts als ein Zeichen des Alters, das heißt: der Jugend. Ein Säugling macht mehr Krach als ein Diplomat. Aber das größere Alter macht eine Lüge nicht besser. Die alten Lügen haben über uns eine ganz andere Macht als die jungen. Was wir mit der Amme eingesogen haben, ist von ganz anderer Bedeutung, als was uns, anläßlich einer Episode, angeflogen ist.

Wer auf die Welt kommt, wird eingeführt in Praktiken, Wahrheiten, Irrtümer, Konventionen und Lügen. Die Biographen würden gut tun, jedes Mal erst diese mächtige anonyme Szene zu schildern, bevor sie das besondere Leben beschreiben, das in ihrem Rahmen abläuft. Die großen Irrtümer sind objektive Grenzen der Erfahrung innerhalb einer Gruppe; die Anschauung des Geographen Erathostenes von der Erde, im Jahre Zweihundert vor Christ, war solch ein objektiver Irrtum, der alle Angehörigen seiner Kultur bestimmte. Diese Irrtümer werden eines Tages von Wenigen durchschaut; der Rest wird dann bisweilen noch Jahrhunderte lang im alten Irrtum gehalten. Das kann auch sehr unschuldige Gründe haben. Weshalb lehrte man in den Schulen noch die Lehre von den Fünf Sinnen, als die Wissenschaft bereits zwanzig gefunden hatte? Man soll die

Trägheit nicht unterschätzen. Aber entscheidende Irrtümer werden künstlich aufrechterhalten von denen, die daran interessiert sind – und werden so zu Lügen.

Solche Lügen werden verbreitet von einigen Lügnern – und Myriaden Ehrlichen. Ja, die Lüge ohne Lügner ist die wirksamste Lüge. Die Lüge lebt am besten vom Belogenen, der sie aufrichtig als Wahrheit verkündet. Die Lehrer und die Geistlichen und die Buch-Autoren, die uns in diesem Zwanzigsten Jahrhundert der Lüge unterworfen haben: zum Beispiel, daß die Menschen so sind, wie die Roman-Schriftsteller sie zu schildern pflegen – waren zum größten Teil ahnungslos. Und diese ahnungslosen, ehrlichen Propagandisten der Lüge sind ein entscheidendes Argument gegen das Dogma: daß der Einzelne ohne Ketten geboren wird – dafür aber mit einer reinen Vernunft. Diese ahnungslosen, ehrlichen – Lügner widerlegen die schöne Lehre vom Gesunden Menschenverstand. Diese ahnungslosen, ehrlichen Träger der Lüge widerlegen auch die Lehre, daß die Stimme des Volkes göttlich ist – so etwas wie ein nationaler Gesunder Menschenverstand. Und diese ahnungslosen, ehrlichen Verbreiter der Lüge sind auch noch der furchtbarste Einwand gegen das herrliche Ethos der Toleranz; denn: wird mit dieser Toleranz nicht auch allzu viel Lüge toleriert? Wie ärmlich ist das Gebot »Du sollst nicht lügen« – in einer Welt, die zum guten Teil ehrlich und aufgeklärt in der Lüge lebt.

Der Intellektuelle und die Lüge

Die Lüge ohne Lügner lebt nicht nur von der Ehrlichkeit vieler Träger. Sie lebt auch von ihrem Talent. Sie lebt davon, daß die Talentierten ihr eine strenge Logik schenken oder reizvolle Glieder, verführerische Farben, schöne Klänge. Diejenigen, die so etwas zu verschenken oder zu verkaufen haben, nennt man Intellektuelle. Die Lüge und der Intellektuelle haben sehr viel miteinander zu tun.

Welche Rolle spielt der Intellektuelle unter seinen weniger intellektuellen Mitmenschen? Er gibt, mag er ein deutscher Mönch des Zehnten oder ein amerikanischer Journalist des Zwanzigsten Jahrhunderts sein, sein Können den herrschenden Vorstellungen – wie ein Nicht-Intellektueller sein Können den herrschenden Handwerkzeugen oder Maschinen gibt. Auch der Intellektuelle ist in der Regel kein freier Vogel, sondern ein Dienstmann; Leonardo da Vinci baute Fortifikations-Werke für Cesare Borgia – und Schriftsteller der ganzen Welt schreiben in der Richtung auf den ›Book of the Month Club‹.

Der Intellektuelle lebt »vom Schweiße seiner Tinte« (Pietro Aretino). Und die Grenze zwischen ihm und realer schwitzenden Branchen ist viel weniger eindeutig, als die Unterscheidung zwischen intellektuellen und nicht-intellektuellen Berufen vorgibt. Ein Chirurg und ein Fein-Mechaniker unterscheiden sich in den meisten Fällen wohl nur darin, daß Einer von beiden eine größere Präzision hat als der Andere – und außerdem noch in den Kosten der Ausbildung; ein Advokat und ein Straßenverkäufer unterscheiden sich in den meisten Fällen wohl nur darin, daß der Rechts-Mann ein paar Jahre in spanischen Stiefeln herumspazieren mußte (auf eigene Kosten), während der Andere gleich von der Leber weg verdienen durfte. Manch Universitätsprofessor arbeitet am laufenden Band – und manches Dienstmädchen mit origineller Phantasie und ausgezeichnetem Verstand. Im übrigen unterstehen heute Intellektuelle und Nicht-Intellektuelle: Lehrer und Werftarbeiter und Ärzte und Warenhausverkäuferinnen und Pastoren und Kellner und Schauspieler und Köchinnen und Schriftsteller – alle miteinander, fast alle miteinander, demselben mächtigen Gesetz: der monotonen Reproduktion der gleichen Stapelware.

Aber die Rolle des Intellektuellen ist nicht voll damit umschrieben, daß man zeigt: er ist kein erratischer Block innerhalb seiner Gesellschaft. Er ist zu einem guten Teil ihr Verhängnis. Denn die großen Lügen – sowohl die anonymen als auch jene, für die ein Lügner verantwortlich zeichnet – leben in erster Linie von Gnaden hochbegabter Intellektueller. Sie sind es, die, dank ihres

Talents, den Lügen Glanz und Dauer verliehen haben; denn nicht die Wahrheit des Gestalteten, sondern die Eindringlichkeit der Gestaltung entscheidet über die Attraktion und Lebensdauer eines geistigen Gebildeten. Der Intellektuelle kann, wenn er genug kann, eine Landschaft oder eine kleine Prinzessin oder einen Trug-Schluß oder einen gichtischen König durchsetzen: je nachdem, für vierundzwanzig Stunden oder für dreitausend Jahre. So hat der monotheistische Gott, dank der großen Intellektuellen, dreitausend Jahre gelebt. Deshalb kann man nicht von der Lüge sprechen, ohne von dem großen Intellektuellen zu sprechen – ihrem stärksten Alliierten.

Die Venetianer nannten noch zu Beginn des Neunzehnten Jahrhunderts die Literatur eine Schwarz-Kunst. Die Intellektuellen wurden zu allen Zeiten als Schwarzkünstler verehrt, als problematische Halbgötter, als gefährliche Genies – zumindest als Furcht und Ehrfurcht einflößende Höhere Menschen. Das stammt alles noch aus Zeiten, wo der Intellektuelle eine köstliche Seltenheit war. Um das Jahr Tausend hielt man Papst Sylvester II. für einen Magier – weil er Bücher las. Die Blindheit des Barden (eine Vor-Form des modernen Intellektuellen) soll darauf zurückzuführen sein, daß man diesem wertvollen, nicht zu ersetzenden Intellektuellen die Möglichkeit nehmen wollte, sich von seinem Stamm zu entfernen; so blendete man ihn, gewissermaßen als Kontrakt auf Lebenszeit. Ein Forscher hat mitgeteilt, daß er anwesend war, als in Rhodesien der Musiker eines Trupps eingeborener Tänzer vom Stammeshäuptling des Augenlichts beraubt wurde – um ihm das Bleiben zu erleichtern. So rar waren einmal Dichter und Denker. Man mußte sich ein Leben lang mühen, um ein Intellektueller zu werden; und noch heute braucht ein Student, will er an der Universität Lhasa seinen Doktor machen (und das ist die Voraussetzung für alle Staats-Stellen in Tibet), ein zwanzigjähriges Studium. Der Intellektuelle war einst so schwer zu produzieren, wie heute (sagen wir) das Uranium 235 zu produzieren ist. Die Seltenheit ist einmal eine mächtige Wurzel gewesen, aus der das Prestige des Intellektuellen wuchs.

Inzwischen lernte (jedenfalls in großen Teilen der Welt) jeder Zweibeiner lesen und schreiben – und nicht nur das: auch Höhere Politik, Relativitäts-Theorie und Freud. Seltsamerweise war das nicht das Ende des Ruhms der intellektuellen Zauberer. Die Vergöttlichung des Intellektuellen überlebte die Einweihung der Massen in die Werkstätte der intellektuellen Zauberei. Im Grunde ist noch immer jeder Romanschreiber oder Film-Schauspieler ein Medizin-Mann – etwas Höheres, in Verbindung mit überirdischen Kräften. Man fragt ihn deshalb sowohl nach der Zukunft des Menschen-Geschlechts als auch nach der Unsterblichkeit der Maikäfer – und Charlie Chaplin äußerte sich öffentlich über die Notwendigkeit einer Second Front. Weshalb ist die Verehrung der Intellektuellen so unverwüstlich? Diese Verehrung hat mehr als die eine Wurzel, die Seltenheit.

Eine andere ist die Gunst der Mächtigen, die ihnen von ihrem Glanz abgaben. »Die herrschenden Stände haben immer gelogen«, schrieb Nietzsche; die Lüge ist »ein Supplement der Macht«. Aber dieses »Supplement« ist wirksam erst, wenn die Intellektuellen ihm Herz und Hirn geben. Pietro Aretino war der erste große Europäische Intellektuelle des letzten Jahrtausends, der sich ganz klar war über die Bedeutung des Intellektuellen für die Macht: er kann sie verschleiern, er kann sie verklären, er kann sie verewigen. Und das geschah. Das Talent verhält sich »von Natur« zu dem, was es schildert, malt, in Musik setzt, in Begriffe bringt, ebenso neutral wie der Schreiber zum Abgeschriebenen. Manchmal legt der Talentierte außer seiner Begabung auch noch seine Seele hinein, weil er sie nicht bei sich behalten kann; auch kommt sowas gelegentlich sogar im Fall der Schreibmaschinistin vor. Aber kalt oder warm: die intellektuellen Begabungen lebten stets von dem Ansehen, das sie zu kreieren vermochten. Das können die Schreibmaschinistinnen nicht. Schreibmaschinen-Papier vergeht, der begabte Reim aber besteht – mag er eine Weisheit enthalten oder eine Narrheit.

Der Schriftsteller Aretino sah sehr deutlich einen besonderen Verkaufs-Wert, den Wert des begabten Intellektuellen. Er verkaufte sein Können in voller Klarheit – weshalb er auch käuflich genannt wurde. Denn man nennt zwar nicht die Schreibmaschinistin käuflich, die abschreibt, woran sie nicht glaubt – wohl aber den Schriftsteller, der in Reime bringt, woran er nicht glaubt. Aretino aber stand schon vor vierhundert Jahren über dieser Gespenster-Moral. Und so schrieb er an seine Klienten: »Obschon mein Talent gering ist, so wird ihm doch, wenn Ihr mir für die zwanzig oder dreißig Jahre meines Lebens das Brot gebt, die Kraft nicht fehlen, mehr als tausend Jahre hindurch Eure Namen lebendig zu erhalten.« Sein Talent war nicht gering. Da gab man ihm denn nicht nur das Brot, um das er bat, sondern auch noch Brokate, seidene und goldgestickte Hemden, eine schöne Sklavin (vom Sultan Soliman), eine kunstvoll gearbeitete Halskette aus emaillierten goldenen Zünglein (von Franz I. von Frankreich). Denn die Herren wußten zu allen Zeiten, daß die Welt von der Großartigkeit des Talents auf die Großartigkeit dessen schließt, den das Talent ins Licht rückt. Homer hat uns die Möglichkeit genommen, den Trojanischen Krieg als läppische Balgerei zu sehen. Das war sein Wert für die Helden jenes Krieges – und für ihre Nachkommen.

Die Verehrung des Intellektuellen hat mindestens noch eine dritte starke Wurzel. Von der Schöpfung her sind die großen Intellektuellen so etwas wie ein vierblättriger Klee – eine Laune der Natur. Aber diese Laune ist, bisweilen, für die Mitmenschen ein Unglück. Die großen Intellektuellen stimulierten die nur viertel-lebendigen Mitmenschen: den trägen Ablauf ihrer intellektuellen und emotionalen Prozesse. Die Klapper, die man dem Säugling vorlärmt, und das Philharmonische Orchester, das die Ohren der Erwachsenen füllt, der Dienstmädchen-Klatsch und der Kunst-Roman haben dieselbe Funktion, womit die Bedeutung der Intellektuellen nicht verkleinert, sondern in ihrer Bedeutung hervorgehoben werden soll.

Was wir Religion, Kunst, Wissenschaft und Politik nennen, hat seine Bedeutung für die, die sich damit vergnügen, vor allem darin: daß ihnen zu größerer Lebendigkeit verholfen wird – zum intensiveren Sehen und Hören, zur rasenderen Wollust und zum ausgiebigeren Haß, zum ausschweifenderen Denken und zur exakteren Phantasie. Diese künstlich erhöhte, kunstvoll erhöhte Aktivität tut den alltäglich Matten sehr wohl. Sie fühlen erst mit Hilfe der großen Intellektuellen den Strom des Lebens. Wer von sich aus stark lebt, braucht diese Intellektuellen nicht. Eine wilde Liebe gibt mehr Leben als die wildeste Liebes-Szene auf der Bühne. Aber wer hat schon eine wilde Liebe – und wie lange? und wie oft? Die Großen Intellektuellen befördern das Strömen der stockenden Lebenssäfte. Das ist der Kern des Kunst-Genusses. Es gibt auch einen Religions-Genuß, einen Wissenschafts-Genuß und einen Politik-Genuß – obwohl diese Worte aus eingefleischter heuchlerischer Scheu vor der Verbindung der Begriffe Kultur und Genuß nicht gern gebraucht werden.

Die Lüge wächst nun im Treibhaus der Kultur-Genuß spendenden Begabung so üppig wie die Wahrheit – auf diesen Unterschied kommt es hier nämlich überhaupt nicht an. Auf die Temperatur kommt es an, die geschaffen wird. Wieviel Elend weggezaubert wird, darauf kommt es an. Und die Großen Intellektuellen zauberten viel Elend weg, manchmal durch Tragödien und manchmal durch Komödien – und zuerst ihr eigenes Elend. Alfieri hat eingestanden: »Die gründlichste Verzweiflung hat mich dazu getrieben, Tragödien zu dichten.« Diese Verzweiflung ist nicht nur eine mächtige Quelle der größten intellektuellen Schöpfungen, sondern diese Schöpfungen haben meistens das Resultat gehabt, diese Verzweiflung zu überblenden, zu übertönen, in Gedanken einzumauern. Stendhal las leidenschaftlich – um die innere Öde loszuwerden. Er schrieb aus demselben Grunde; er fand »Trost im Schreiben von Büchern«. Und in dem Maß, in dem Lügen für das Zudecken der Abgründe brauchbarer sind als Wahrheiten – ist die Lüge ein wesentliches Ferment in der Produktion der Großen Intellektuellen.

Der Genuß an diesem herrlichen Trugwerk wurde erst herabgemindert, als die Intellektuellen allzu sichtbar die Schranzen der regierenden Fronvögte wurden. Das Prestige des Intellektuellen ist im Zwanzigsten Jahrhundert erheblich gesunken. Es begann eigentlich schon mit dem Niedergang jener intellektuellen Gruppe, deren Mitglieder Priester genannt werden. Die nicht-priesterliche Intelligenz war dann im Achtzehnten Jahrhundert noch recht angesehen – bis sie, am Ende des Neunzehnten, dort anlangte, wohin das Papsttum bereits im Fünfzehnten gekommen war: im Zustand der offenbaren Verächtlichkeit. Man spricht schon seit Jahrhunderten recht unverblümt über die Priester. Die Intellektuellen, ihre Nachfolger, konnten sich bis in unsere Zeit noch in Respekt halten: weil sie viel schwerer zu fassen sind. Es gibt in den anti-religiösen Museen Rußlands Ausstellungen, in denen die Requisiten betrügerischer Popen zusammengetragen sind: da ist zum Beispiel eine Mutter Maria, die blutige Tränen weint, wenn man auf einen Ball hinter dem Bild drückt, der mit einem kleinen Bassin rotgefärbten Wassers in Zusammenhang steht. Anti-intellektuelle Museen werden schwerer einzurichten sein. Die Priester waren in ihrer Manipulierung der Lüge eine sehr plumpe Vor-Form. Die profanen Intellektuellen hingegen leisteten Vollendetes. Aber nun scheint ihre Zeit abgelaufen zu sein. Stendhal schrieb, zu Beginn des Neunzehnten Jahrhunderts, über Canova: »Er hatte das Glück, mit fünfundzwanzig Jahren noch nicht orthographisch schreiben zu können.« Es waren Intellektuelle, die zuerst die Problematik ihrer Rasse durchschauten.

Heute ist es nun so weit, daß der Intellektuelle (allerdings erst in einigen Teilen der Welt) büßen muß für den Weihrauch, den er so ausgiebig und oft so unverdient genossen hat. Bisher war das Einzige, was man ihm als Entgelt für seine Heiligsprechung abforderte, öffentlich zur Schau getragene Scheu vor dem Geld. Friedrich dem Großen und den Rothschilds und den Vanderbilts und dem Börsen-Spekulanten Bismarck war es erlaubt, ihre Fischzüge zu machen; den Dichtern Aretino und Heine warf man die kleinsten Raubzüge vor. Jetzt hält man sich nicht mehr mit kleinbürgerlichen Reine-Weste-Untersuchungen auf. Der Rang des Intellektuellen wird in Frage gestellt. Und ganz ebenso wie sich in der mittelalterlichen Plünderung Roms die Christenheit rächte für die Überschätzung, die sie tausend Jahre lang dem geistlichen Rom hatte angedeihen lassen – so rächt sich heute in den Bücher-Verbrennungen die aufgeklärte Masse an der angemaßten Herrschaft der Intellektuellen. Die Barbaren von heute, die allerdings kein Recht dazu haben, haben in ihrem Kreuzzug gegen die Intellektuellen auch ein sehr kultiviertes Publikum auf ihrer Seite. Die Barbaren von heute, die allerdings kein Recht dazu haben, machen die Halbgötter-Dämmerung nur publik. Die Barbaren, die allerdings kein Recht dazu haben, sagen mit Recht: Wenn ich das Wort Kultur höre, entsichere ich meinen Revolver. Diese Barbaren spielen allzugern mit dem Schießgewehr. Aber dieser Satz von der Kultur und dem Revolver ist dennoch gut; er wird nicht dadurch schlecht, daß der, welcher ihn prägte, kein Recht zu ihm hatte. Die Intelligenz hat so viel, so dumm, so eitel, so gemein gelogen – es zieren so alberne Clowns die sogenannten Gremien der Erleuchteten und verkünden vom pythischen Stuhl so idiotischen Schwachsinn: daß auch der feinste Stil, daß auch die größte Auflage, daß auch die frechste Mirakelei die Nacktheit der Halbgötter nicht mehr verbergen kann.

Diese Situation kommt leider den Barbaren zugute. Und außerdem noch den schäbigsten Intellektuellen; denn die ekelhaften Scheiterhaufen der Bücher sind zu allem Unglück auch noch eine Illuminierung von Usurpatoren, die es garnicht verdient haben, im Feuer eine Auferstehung zu finden. So liegt der Fall Barbarei gegen Intelligenz viel verwickelter, als die immer noch ahnungslose Gefolgschaft der Intelligenz denkt. Die Barbaren haben Recht: die Intelligenz besteht zum guten Teil aus Lüge, aus magischem Getue. Die Intelligenz hat Recht: diese Bücher-Verbrennungen sind zum guten Teil Pöbel-Aufstand, Bestien-Aufstand, eine Revolte der Unzulänglichkeit und der Geist-Verlassenheit. Aber dies Buch spricht nicht zu Barbaren. Und vor Nicht-Barbaren ist es wichtiger, darauf hinzuweisen: daß diese Barbarei in ihrem Bücher-Sturm, in ihrer Muskel-Seligkeit ebenso viel Wahrheit enthüllte wie die Barbarei von 1526 in ihrer leidenschaftlichen Profanierung der Geräte und Riten des Christentums. Es liegt wirklich nicht an den Barbaren, daß die Intellektuellen zum Himmel stinken. Und sie stinken nicht deshalb besser, weil sie sich rühmen dürfen, keine Barbaren zu sein. Aber auch die Barbaren riechen noch nicht deshalb besser, weil sie sich rühmen dürfen, keine Intellektuellen zu sein. Die Barbaren sind nichts als – ein schäbiges Instrument der Wahrheit.

Ja, dieser Barbaren-Ruhm, der unzulänglichen Intelligenz Beine gemacht zu haben, ist nichts wert, weil sie im Intellektuellen auch das Beste bekämpfen, was er sein könnte – und leider nur nicht ist. Die Barbaren höhnen: Und Ihr redet von Geist! Der Hohn ist berechtigt. Aber während die meisten Intellektuellen nur von der Phrase des Höheren umwitterte und eitel gemachte, auf Phantasie oder Stil oder Bildung trainierte Grünkram-Händler oder Industrielle sind – sind die Barbaren geistfeindlich. Sie haben also in der Regel eine stärkere Beziehung zum »Geist« als die Intellektuellen – wenn auch eine verruchte.

Soll man versuchen, diesen »Geist« zu definieren? Er hat mit nichts Geistreichem etwas zu tun; und nichts mit lyrischer Wolkigkeit und theologischem Schwindel. Er manifestierte sich sowohl in Fischern als auch sogar in Intellektuellen – er manifestierte sich zum Beispiel in Stendhal, in Nietzsche, in Tolstoi. Er ist das geheimste und sicherste Wissen jedes Menschen – und wird in der Definition sofort zur Plattheit. Am offenbarsten aber wird er im Haß der Barbaren; in dem Haß darauf, daß der Anspruch der Wahrheit nicht wegzuschaffen ist – obwohl diese Wahrheit nicht vorgezeigt werden kann. Im Haß darauf, daß alle Rassen-Verbände (teutonische oder jüdische), alle Familien-Klane, alle so schwer befestigten Individualitäten überlebt werden von etwas, was man gar nicht aussprechen kann, weil es vor diesen Riesen-Organisationen so winzig dasteht. Dieses Winzige ist die Kreatur, die Schmerzen hat und zu gleicher Zeit eine unabwendbare Lust, Gott zu sein – oder deutlicher: alles zu sein, was sie Gott zuschreibt. Wo Einer seine Anlage und sein Training im Reime-Machen, im Geschichten-Erzählen, im System-Bauen zur Offenbarung dieser Kreatürlichkeit verwendet – wird aus einem Intellektuellen ein Geistiger. Der Geistige ist das Ende der Lügen, die er ererbt hat.

Er kann begabt sein oder auch nicht; im zweiten Fall wird er kaum bemerkt werden – aber es ist nicht die Begabung, die den

Geistigen macht. Er kann ein Märtyrer sein oder hoch geehrt; es kommt darauf an, welchen gesellschaftlichen Kräften der Gruppe seine Erfahrungen unangenehm sind – aber es ist keineswegs das Verkanntwerden, das Leiden, das Gesteinigtwerden, was den Geistigen macht. Es ist wohl nicht viel Unterschied zwischen Schwarzen, Gelben und Weißen, zwischen Königen und Bankiers, zwischen Tiglath Pilaser II. und Wilhelm II. Aber es ist ein großer Unterschied zwischen dem Geistigen und dem Rest der Menschheit: der Wirklichkeit nach, nicht der Möglichkeit nach.

Ein Beispiel hingegen für einen weltberühmten, wahrscheinlich ehrlichen und hochbegabten Intellektuellen, der die angeborene Lüge nicht zerstört, sondern glänzend ausstaffiert hat, ist jener große Aristoteles. Er lieh einen gewaltigen Gelehrten-Verstand der herrschenden Lüge und schrieb: daß die Sklaverei eine Institution der Natur und die gesellschaftliche Unmündigkeit der Frau biologisch begründet sei. – Ob sie nun aber ehrlich sind oder unehrlich – ja, gerade wenn sie ehrlich sind; erst durch die Aristotelesse sind die Lügen zu einer solchen Macht geworden, daß alle späteren Wahrheiten nicht imstande gewesen sind, sie zu zerstören.

Der große Intellektuelle ist die vieldeutigste Frucht, welche die Menschheit hervorgebracht hat.

Die Lüge in der Tradition

Es stände schlimm um die Lüge, wenn sie allein auf die Intelligenz angewiesen wäre – die heute, wie das Papsttum des Fünfzehnten Jahrhunderts, ihre Unschuld und ihr Prestige verloren hat.

Die Lüge hat noch andere Festungen. Er will nicht fort vom Gewohnten – das ist eine mächtige Bastion; so haben die, welche eine Lüge am Leben zu halten trachten, dasselbe Interesse wie die, welche aus der Lüge nicht herauswollen. Nicht nur der Lügner, auch die Faulheit hält einen in der Lüge gefangen. Was

Machiavelli von den geistlichen Herrschaften sagte, gilt von jeder Herrschaft: daß »alle Schwierigkeiten vor ihrer Gewinnung liegen; denn wenn man sie entweder durch Tüchtigkeit oder durch Glück erlangt, so behauptet man sie ohne das Eine und das Andere«. Man behauptet sie durch die Trägheit der Beherrschten. Unter den vielen großen Titeln, durch welche die Trägheit gesellschaftsfähig geworden ist, heißt einer: Tradition.

Ein gutes Portrait der Trägheit einer Zeit hat man in ihren Phrasen. Man drehe einmal den Knopf des Radios ein bißchen nach rechts und ein bißchen nach links – und die Trägheit steht akustisch vor einem. In manchen Phrasen ist die Trägheit des gerade ablaufenden Jahres eingeweckt, in anderen die Trägheit eines Jahrzehnts oder eines Jahrhunderts oder einiger Jahrtausende: die Zehn Gebote, Humanité – Egalité – Fraternité, die amerikanische Konstitution, die materialistische Geschichtsauffassung, die Kollektive Sicherheit – sie alle lebten einmal – bevor die Lügner sie benutzten, und die Trägen sie sich angewöhnten.

Die Trägheit ist keine geheimnisvolle Qualität. Sie kann aus Erschöpfung stammen. In der Regel ist sie eine Folge der Zwangsarbeit, der die meisten Menschen unterworfen sind – und die Zwangsarbeit schafft umso mehr Trägheit, je weniger Leben sich im Rahmen der Arbeit entfalten läßt. Die Trägheit kann auch aus kultureller Sattheit stammen. Man pflegt von der Tradition mit Stolz zu sprechen; daß sie dünner und dünner wird, beklagt man als ein modernes Unglück. Aber sie ist nicht nur ein kostbarer Schatz von angesammeltem Leben. Der alte Elephant mag der Weiseste der Erde sein; das älteste, traditionsreichste Volk ist nicht das weiseste. Fast wären die hochbegabten Chinesen an ihrer nicht-loszuwerdenden Tradition zugrunde gegangen – und nicht in Ehren. Tradition ist auch die Summe vieler Trägheiten.

Man kommt nicht nackt auf die Welt, sondern traditionsbehangen. Man wird in eine fertige Welt gesetzt. Man ist von der ersten Stunde an fertig. Man wird erst im Laufe des Lebens etwas unfertiger – wenn man Glück hat. Man beginnt sein Leben nicht mit Fragen, sondern mit Antworten. Uns wird schon geantwortet, bevor wir überhaupt zum Fragen kommen. Wer trotzdem durch den Gaurisankar von Lösungen bis zum Rätsel vordringt, ist ein Philosoph.

Die Trägheit verdichtet sich am stärksten im Glauben. Glaube ist Bindung durch eine Tradition – nicht durch die Wahrheit. Diese Deutung des Glaubens stammt von zeitgenössischen – Geistlichen. Die frühere Gleichsetzung von Glaube und absoluter Erkenntnis hat der Einsicht Platz gemacht, daß Glaube – Tradition ist. Zwölf amerikanische christliche Geistliche verschiedener Kirchen-Zugehörigkeit haben sich in zwölf Bekenntnissen zu den Fragen geäußert: Warum bin ich ein Episcopalist? ein Presbyterianer? ein Baptist? ein Quäker? ein Methodist? ein Unitarier? ein Mormone? ein Congregationalist? Und sie haben geantwortet: weil ich eben so aufwuchs, wie ich aufwuchs; weil mir dieser Glaube traditionell angewachsen ist. Der Quäker sagt: »Ich hätte eher meine Haut abwerfen können als den Glauben meiner Vorfahren; Religion ist ebenso eine persönliche Angelegenheit wie die Verdauung.« (»I could have shed my skin more easily than I could have sloughed off my ancestral faith; religion is as much an affair of a man's own personal life as his digestion is.«) Der Präsident der ›Baptist World Alliance‹, der weder eine Hierarchie noch ein Dogma kennt, erklärt: »Zuerst kommt, was man ererbt hat, und dann erst, was die Vernunft daraus macht.« (»The first ist heredity and the second is reasoned conclusion.«) – Damit ein paar Jahrtausende Theologie wegwischend. Und der Mormone, ein Senator aus Utah, sagt über seinen Glauben an die Lehre der Mormonen: »An allererster Stelle: ich bin als Mormone zur Welt gekommen.« (»In the first place, I was born one.«)

Man ist da versucht, noch ein bißchen weiterzugehen als diese geistlichen Herren – in ihrer eigenen Richtung. Ist nicht vielleicht auch das Christentum nur Angewohnheit, von Kindesbeinen an? Und noch ein bißchen weiter: ist nicht vielleicht auch Religion eine Angewohnheit, eine sehr alte Angewohnheit, schon eine Tradition von den Neolythikern her? William Ralph Inge, Dean of St. Paul's, schreibt in einer Abhandlung über *Die Zukunft des Christentums*: »Es ist vorbei mit den Unfehlbarkeiten, mit der unfehlbaren Kirche ebenso wie mit der unfehlbaren Bibel. Auch können wir uns nicht mehr verlassen auf das Innere Licht, wie es noch den alten Quäkern möglich war... wir brauchen diese Requisiten nicht mehr.« (»The infallibilities are gone, the infallible Church as well as the infallible book. Nor can we trust to the Inner Light as the old Quakers did... we do not need these props.«)

Die Religion, die dem Abendland noch geblieben ist, ist nicht die Bindung an eine Transzendenz – sondern die Bindung an eine Pietät. Erinnerungen an die Eltern, die Lehrer, die Jugendfreunde, die ersten Lieben, die ersten Zigaretten sind mit kirchlichen Gemeinschaften, theologischen Dogmen und magischen Kulten in einer einzigen Gefühlswelt verwoben. Glauben ist Ahnen-Kult mit Überirdischem; da ist es denn nicht so seltsam, daß selbst die verdorrtesten Vorstellungen, die nicht mehr die geringste Bedeutung im Bereich des Lebens haben, immer weiter mitgeschleppt werden. Da ist es denn auch zu verstehen, weshalb es ein so furchtbarer Vorwurf ist: ohne Religion zu sein. Ohne Religion sein – das heißt: keine Vergangenheit haben, nicht in kindlicher Dankbarkeit an seine Mutter denken, nichts seinen Lehrern verdanken. Religion hat nichts zu tun mit Wahrheit; ja, sie verträgt sich ganz ausgezeichnet mit dem Irrtum und der Lüge. Ist ein Irrtum noch ein Irrtum, ist eine Lüge noch eine Lüge – wenn der Vater sie in der Todes-Stunde feierlich bekannt hat?

Verliert die Lüge nicht ihre Hochburg, wenn die Einsicht sich durchsetzt, daß Religion Tradition ist – und Tradition zum guten Teil Trägheit und Lüge? Der schwindende Glaube, der in Tradition sich auflösende Glaube (und die sich auflösende Tradition) bekamen einen höchst seltsamen Nachfolger: die Glaubens-Freiheit. Die Glaubens-Freiheit ist der liberale Thronfolger des allein seligmachenden Glaubens. Man hat diese Glaubens-Freiheit immer nur von der Seite der Freiheit aus gesehen – und da sieht sie traditions-feindlich aus und fast glaubensfeindlich. Sie ist aber – von jener andern Seite aus gesehen, von der sie nur selten betrachtet wird – ein Naturschutz-Park für abgeblühte, in Fäulnis geratene Traditionen.

Es steckt auch eine tolle Diktatur in dieser Glaubens-Freiheit. Glaubens-Freiheit heißt nämlich auch: eine Tradition ist unangreifbar. Glaubens-Freiheit heißt auch: Lügen-Freiheit. Glaubens-Freiheit hat auch eine Folge, die sich am besten so ausdrücken läßt: Die Wahrheit kommt erst in zweiter Linie. Der Präsident der Baptisten spricht dies unverhohlen aus: »Die Baptisten sind in den meisten Punkten den Römisch-Katholischen diametral entgegengesetzt – und treten doch für ihr Recht, zu existieren, ein. Sie treten sogar für die Atheisten ein – obwohl man ihre Ansichten für völlig verkehrt hält.« (»Theirs is the antithesis to the Roman Catholic system at most points and yet Baptists stand for the right of Roman Catholics in their religious life. They stand even for the rights of atheists to their beliefs about religion, although, of course, regarding them as radically wrong in those beliefs.«) Jeder, der weiß, was für eine humane Tat der Kampf für die Glaubens-Freiheit gewesen ist, wird nur mit Widerstreben sich dies vergegenwärtigen: Glaubens-Freiheit heißt auch, daß kein Unterschied gemacht wird zwischen Wahrheit und Unwahrheit, zwischen Gut und Schlecht. Ja, als Streiter für die Glaubens-Freiheit habe ich für den Schutz von Ansichten einzutreten, die ich für »völlig verkehrt« halte.

Wie weit geht eigentlich diese Glaubens-Freiheit? Man versucht, zu unterscheiden: zwischen Glauben und Aberglauben, zwischen Rein-Religiös und Politisch. Hoffnungslose Unterscheidungen! Mit der Freigabe jedes Glaubens und jedes Unglaubens hat man auch jeden Irrtum und jede Lüge freigegeben. Die Lüge, an die man glaubt, genießt Glaubens-Freiheit. Daß jeder nach seiner Façon selig werden darf, schließt mit ein: daß jeder auch selig werden darf nach der Façon der attraktivsten Massen-Schlächter. Hitler ist unter anderm auch ein Schlußpunkt hinter der Geschichte der Glaubens-Freiheit.

Der Heiligenschein, der – als Glaubens-Freiheit – einen Glauben, jeden Glauben vor allen Angriffen sichert, kommt wesentlich auch der Lüge zugute, die sich im Glauben eingenistet hat. Die Glaubens-Freiheit ermöglicht die Tyrannei der Lüge im liberalen Kostüm. Seit der Reformation kann in Europa (und erst recht in Amerika) ein Glaube nicht mehr exklusiv tyrannisieren – sondern nur noch mit einer Warnungs-Tafel: Jeder Zugang in feindlicher Absicht ist verboten; denn ich bin ein Glaube und deshalb, nach dem Dogma des Liberalismus, sakrosankt. Die liberalistische Aufklärung ist der Lüge nicht schlecht bekommen.

Der Charakter und die Lüge

Als die Traditionen schwächer wurden, als die religiösen Bindungen nicht mehr recht banden, brauchte die Lüge noch ein anderes Nest – und fand es im »Individuum«, in der »Persönlichkeit«, im »Charakter«.

Der Charakter ist der Nachfolger des Gläubigen – und erfüllt in mancher Beziehung dieselben Funktionen, die vor ihm der Glaube erfüllte. Der Gläubige ist ein Mann, dessen Ehrgeiz und Hilfsbereitschaft und Kleinlichkeit und Ehrlichkeit überprägt wird, zu einer Einheit wird: durch seinen Glauben. Der Gläubige erhält sein Profil durch seine dogmatischen, rituellen, aus der Religionsgemeinschaft entspringenden Bindungen. Das »Individuum«, die »Persönlichkeit«, der »Charakter« entstand, als es darum ging, nach dem Wegfall des religiösen Rahmens den Einzelnen nicht auseinanderfallen zu lassen – in einen Haufen von Eigenschaften. Charakter ist Bindung ohne Religion: durch eine vorherrschende Leidenschaft oder ein Hobby, durch ein Prinzip oder durch einen Tick.

Der Charakter ist eins der furchtbarsten Gefängnisse, in die der Mensch eingesperrt ist. Du darfst dir nicht widersprechen! Du mußt an deiner herrschenden Leidenschaft, an deinem Grundprinzip, an deinem Hobby, an deinem Tick festhalten! Wer seine Meinung, wer seine Richtung ändert, ist charakterlos. Warum ist es so schlimm, charakterlos zu sein?

Charakterlosigkeit ist, vom Nebenmann aus gesehen, Unzuverlässigkeit. Charakterlosigkeit ist Unberechenbarkeit; und

Unberechenbarkeit ist Unverwendbarkeit. Man stelle sich vor, Einstein käme heute zu einer Theorie des Absoluten und Hitler zur Einsicht und ehrlichen Verkündung menschlicher Solidarität: beide würden ihr Gesicht verlieren, würden unbrauchbar werden für die Kalkulation der menschlichen Gesellschaft. En masse ist es nicht so unmöglich, seinen Charakter zu sprengen. En masse hatte »das Volk der Dichter und Denker« die charakterlose Courage, Dichter und Denker zu hängen. Der Einzelne aber bringt einen ungeheuren Mut auf, wenn er es wagt, sein Gesicht zu verlieren.

Der Charakterlose verliert auch den Halt, den er selbst an seinem Charakter hatte. Der Charakter ist das Organ des Gleichgewichts. Die Angst vor dem Verlust des Charakters ist die Angst vor einer Auflösung der eigenen Person. Und da der Charakter auf einem theoretischen, einem moralischen, einem politischen Grundsatz errichtet sein kann, heißt Unantastbarkeit des Charakters – Unantastbarkeit des fundamentalen Prinzips, eventuell Unantastbarkeit der fundamentalen Lüge. Von Platon bis zu Metternich herrschte diese Angst vor der Auflösung. Goethe dachte wie Platon und Metternich, wenn er lieber die Ungerechtigkeit wollte als die Unordnung. Schopenhauer vermachte aus derselben Vorliebe einen Teil seines Vermögens alten Kämpfern anti-revolutionären Angedenkens. Heine sträubte sich aus derselben Angst gegen den Kommunismus – den er für eine Wahrheit hielt. Nietzsche sträubte sich, in furchtbarer Furcht vor der Auflösung, gegen den Nihilismus, den er für eine Wahrheit hielt. Die stärkste Bastion fundamentaler Lügen ist die Furcht, daß ihre Zerstörung die Bodenlosigkeit bedeutet. Krieg und Revolution und destruktive Prinzipien sind das Böse an sich, weil sie die stärksten Mittel der Auflösung sind.

Diese gesellschaftliche Notwendigkeit, ein Charakter zu sein: unteilbar und immer mit derselben Nase – und diese Angst vor der Bodenlosigkeit verbot es bisweilen selbst überragenden Talenten, großen, erfolgreichen Lügen ins Auge zu sehen. Die Achtung, die der Charakter genießt, schützt die Lüge. Die Verurteilung, die in dem Vorwurf der Charakterlosigkeit liegt, ist ein Widerstand mehr, wenn Erfahrungen vertraute Vorstellungen ablösen, eine Lüge auflösen wollen. Die Meisten bleiben charaktervoll in der Lüge. Vor die Wahrheit haben die Götter die Charakterlosigkeit gesetzt.

Was für mächtige Bastionen solch eine Lüge also hat: die Trägheit aus vitaler Erschöpfung und die Trägheit aus Pietät (am mächtigsten verkörpert im Glauben) und die gesellschaftliche Notwendigkeit, ein Charakter zu sein, und die Angst vor der Bodenlosigkeit. Schließlich ist da auch noch jener am leichtesten zu erkennende Turm der Lüge, der erbaut ist aus dem bewußten Interesse des Einzelnen: aus dem Verlangen nach täglichem Brot, nach Champagner, nach sexueller Eroberung und Prestige. Diese Interessen fesseln den Schüler an die Lügen des Lehrers, den Studenten an die Lügen des Professors, den Premier an die Lügen der Presse und die Zeitungsschreiber an die Lügen derer, die sie bezahlen. Wer wen belügt, ist im Urwald des modernen Betriebs nicht recht auseinanderzuhalten. Sicher ist, daß diese ganz offenbaren Zwangslügen auch in den fortschrittlichen modernen Gruppen eine größere Rolle spielen als die viel beredeten Freiheiten.

Die moderne Toleranz besteht aus Millionen Bekenntnis-Zwängen, die keine Inquisition zu überwachen braucht, weil das Interesse des Einzelnen dies Amt übernommen hat.

Du sollst nicht verlogen sein

Was für mächtige Bastionen solch eine Lüge hat. Und doch ist die Untersuchung noch nicht in den intimsten Schlupfwinkel gedrungen.

Konstruieren wir einen Fall. Einer hat dreißig Jahre lang ahnungslos in einer herrschenden Lüge gelebt und für sie gewirkt. Dann drang von Tag zu Tag mehr Licht ein, näherte die Lüge dem Offenbarwerden – und das Leben, das von ihr getragen wurde, dem Umsturz. – Aus dieser prekären Situation führen drei Wege hinaus. Der erste ist der Weg des Märtyrers. Der Märtyrer überantwortet sich seiner Einsicht und zieht die radikale Konsequenz. Wie das Martyrium aussieht, hängt von der Lüge in ihrer ganzen gesellschaftlichen Wirklichkeit ab. Man kann zum Märtyrer werden, indem man eine Wahrheit bezeugt und dann gesteinigt wird. Das ist der berühmte pathetische Plakat-Fall. Er hat auch seine komischen Varianten. Im Jahre 1259 verbot ein Edikt den Bankiers von Florenz, die Zahl-Symbole der Gottlosen, die arabischen Zahlen, zu gebrauchen. Wer es also für praktisch hielt, die Zahl 48 mit zwei Zahlen niederzuschreiben statt mit sechs, kam vielleicht schon auf die Bahn des pathetischen Martyriums. Man kann auch ein viel unauffälligerer Märtyrer werden. Man macht nur nicht mehr mit.

Nachbemerkung

Hier bricht das Manuskript ab. Eine Dame, die das Manuskript noch zu Lebzeiten Marcuses in Deutschland gelesen hat, schrieb uns: »Schon 1970 waren die letzten Sätze nicht auffindbar. Ich habe selbst danach geforscht und auch einige Leute damals angeschrieben, doch war es erfolglos.«

Nach dem Inhaltsverzeichnis, das Marcuse aufgestellt hat, fehlen etwa anderthalb Seiten. Da er vorhatte, die Lüge und die Verlogenheit ausführlicher zu behandeln, als er es im *Märchen von der Sicherheit* getan hatte, unterhielt er sich gerne über das Thema. Im Laufe unserer Unterhaltungen fielen wiederholt die Worte »um-die-Wette-laufen«, »Wettbewerb« und Nietzsche-Zitate, vor allem über »die Verlogenheit von Jahrtausenden«.

Im *Ecce Homo – Warum ich ein Schicksal bin* – steht: »Mein Los will, daß ich der erste anständige Mensch sein muß, daß ich mich gegen die Verlogenheit von Jahrtausenden im Gegensatz weiß.« Die weiteren Ausführungen lauten: »Wenn die Wahrheit mit der Lüge von Jahrtausenden in Kampf tritt, werden wir Erschütterungen haben... wie dergleichen nie geträumt worden ist... alle Machtgebilde ruhen... auf der Lüge.«

Die Welt des Wettbewerbs stellt sich dem Frieden auf Erden als unüberwindliches Hindernis entgegen; verlogen ist, wer sich mit diesem »Frieden« abgibt, ohne das »Um-die-Wette-laufen« aufzugeben, hob Marcuse immer wieder hervor. Der Leser möge im übrigen aus dem vorhandenen Text heraus sein Mosaik selbst zusammensetzen.

H. v. H.